原子力はいる？いらない？

原発大国フランスと脱原発ドイツ

山口昌子×川口マーン惠美

ワニブックス

はじめに

それにしても、ドイツのエネルギー政策がここまでおかしくなるとは想像もしていなかった。

2011年の福島の事故のあと、メルケル首相が独善的に「ドイツは2022年で脱原発」と言ったとき、多くの理想主義者たちが狂喜した。しかし、やはり多くの現実主義者と科学者たちは、「なぜ?」「いったいどうやって?」と訝《いぶか》しがった。というのもドイツには、原発の代替を安心して任せられる電源がなかったからだ。ガスと石炭でやればかえってCO2が増えるし、再エネはまだ力不足で、産業国の電気は供給しきれない。だから私は、2022年が近づいてきたら、ドイツ政府は何か良い言い訳を考えて、この目標を静かに修正するだろうと心のなかで思っていた。

2021年、メルケル首相は退いた。それを待っていたかのように、2022年、ロシアがウクライナに侵攻。ドイツのエネルギーは最大限の危機に晒《さら》された。脱原発の期限を、無理なく先延ばしするには良いチャンスだった。ただ、奇しくも、このとき、政権にいたのが緑の党……。

緑の党にとっての脱原発は五十年来の夢だ。そして今、それを成し遂げんとしているのが、彼らの英雄、ロベルト・ハーベック経済・気候保護相。この千載一遇のチャンスを、産業の危機だとか国民の困窮などといった一過性の〝些細《ささい》〟な理由で棒に振るわけにはいかない。脱原発は緑の党の偉大な業績として、未来永劫、歴史に刻まれるべきだ、と彼らは考えた。

　こうしてドイツの原発は、エネルギーの逼迫と高騰の嵐のなか、3カ月半、稼働が延長されただけで、2023年4月15日にすべて止まった。以来、ドイツは一転して巨大な電気の輸入国に変貌。ブラックアウト回避のため、今や、必要とあらば、金に糸目をつけずに周辺国の電気を強力な掃除機のように吸い込んで、ヨーロッパ中にドイツの脱原発の〝威力〟を見せつけている。

　ドイツのせいでしばしば被害を受けている周辺国の一つがお隣のフランスだが、このたび、パリ在住の山口昌子さんのお話を聞いて、何から何までドイツとは異なることに改めて驚愕。これを戦勝国と敗戦国の違いとして済ませることはできない。フランスとドイツの最後の戦いは第二次世界大戦だったが、争いはおそらく武器を変えて、今も続いているのだろう。

　本書の趣旨は、フランスとドイツのエネルギー政策を比較、考察し、さらに今後の日本のエネルギーを考えることだったが、私にとっては、両国の国民性の違い、考え方や行動の違い、そして、それがどこからどのようにして生まれてきたのかということにも、並々ならぬ興味が湧いた。長年、ドイツに住んでいる私にとっては、フランスは幾度となく訪れた国なのに、人々の心の機微は住んでみなければわからないらしく、初めて知ることも多かった。できれば山口さんとは、エネルギー以外のテーマでも、フランスとドイツをじっくり語ってみたい。

思えば、この二つの民族は、まるで波長が合わないようだ。だから、ドイツやフランスなどという国の概念ができる以前から、おそらく宿敵のように、常に争っていた。とはいえ、人々の交流は連綿と続き、それどころか17世紀末には、フランスでの過酷な弾圧を逃れたプロテスタントの信者たちが、当時のドイツのプロイセンに大量に亡命している。

ユグノーと呼ばれたプロイセンのフランス人は、その後300年の間にすっかりドイツ人になってしまった。今、フランスやドイツで物議を醸している中東からの難民たちも、300年経てば、普通のフランス人やドイツ人になってしまうのかしらと、そんなことも考えた。

なお、フランスでは緑の党の力はそれほど大きくないと、山口さんは言う。それに比べてドイツの緑の党は、支持者の数に比べて、なぜか影響力が甚大だ。彼らの頭の中では、国民の安《あん》寧《ねい》よりもイデオロギーが先行しており、特に政権に入ってからの産業破壊のエネルギーは凄まじい。日本に、緑の党のようなエキセントリックな政党が存在しないことを、私たちは僥倖と思わなくてはならないというのが、今回の私の結論の一つだ。

さて、では、日本経済を再興させるにはどうすれば良いのか？　六ヶ所村の核燃料の再処理施設を一日も早く稼働させ、全国の原発をしっかりと動かし、さらに日本の技術を結集した高効率のＩＧＣＣ（石炭ガス化複合発電）をどんどん作り、さらにそれを世界に輸出すれば、日本は絶対に復活する。また、次世代の原発が今後の世界の潮流となることも確実であるし、「なぜ、世界から非難されている石炭を使うのか」などと寝ぼけたことを言っている人たちは、ドイツの惨状を見て頭を冷やし、フランスの独立心を見て目覚めてほしい。

というわけで、日本人は今後、ドイツではなく、フランスを手本にすべきだというのが、今回の私のもう一つの結論だ。とりわけ、自国の独立を保つため、エネルギーと食糧の自立を堅持するというフランス人の気概こそ、私たちは大いに見習うべきである。

なお、最後になったが、本書の執筆は図らずもほぼ一年がかりの長丁場となった。その間、フリー編集者の佐藤春生様、ワニブックスの川本悟史様には根気強く伴走していただき、数々の貴重なご助言を頂戴したことを書き添え、心からの感謝の気持ちに代えたい。


二〇二五年二月初旬、冷たい北風の吹く東京にて

川口マーン惠美

序章　百八十度〝違う〟フランスとドイツ

第1章

戦争とトランプ大統領再選で激変するエネルギー地政学

第2章

「リスクゼロ」が日本のエネルギー政策の〝最大のリスク〟

第3章 検証、「原発はいらない」は本当か

第4章 もし原発がテロや戦争で攻撃されたら

第5章

「再エネ」推進で突き進む〝中国依存〟

第6章

日本が「核燃料サイクル」を目指した理由

終章

戦争を防ぐ「エネルギー安全保障」の遺志を継げ

※敬称につきましては、一部省略いたしました。役職は当時のものです。
※写真にクレジットがないものは、パブリックドメインです。
※本書では1ユーロ＝160円で換算しています。

原子力関連機関略称一覧

ＡＮＤＲＡ（放射性廃棄物管理機関）
ＡＣＲＳ（原子力規制委員会）
ＡＳＮ（仏原子力安全局）
ＢＲＧＭ（地質・鉱山研究所）
ＣＥＡ（フランス原子力庁）
ＣＬＡＤＳ（廃炉環境国際共同研究センター）
ＥＤＦ（仏電力公社）
ＥＮＡ（国立行政院）
ＧＩＰ（公益事業共同体）
ＩＡＥＡ（国際原子力機関）
ＩＣＲＰ（国際放射線防護委員会）
ＩＲＳＮ（放射線防護・原子力安全研究所）
ＮＡＲＲＥＣ（楢葉遠隔技術開発センター）
ＮＲＣ（米原子力規制委員会）

装丁・本文デザイン　志村佳彦（ユニルデザインワークス）

序章

百八十度〝違う〟フランスとドイツ

「国家の独立」が何より重要なフランス人

——3年にも及ぶロシアとウクライナの戦争、パレスチナの武装組織ハマスの奇襲から始まったイスラエルとハマス、ヒズボラなどとの紛争、さらには20年に及ぶ内戦を経てついにアサド政権が崩壊したシリアなど、中東情勢はかつてないほど不安定化している。

一方、2024年11月に行われたアメリカの大統領選挙ではドナルド・トランプが大統領に返り咲き、ジョー・バイデン政権が進めた脱炭素路線を転換して、シェールガス・オイルなどの大増産に向かうといった話も。

激動する国際情勢における日本の行く末を決めるうえで、もっとも大きなファクターの一つがエネルギー問題だ。そこで本日は、フランス在住でボーン・上田記念国際記者賞を受賞されたジャーナリストの山口昌子さんと、40年以上ドイツで暮らし、エネルギー関連の著書も多い川口マーン惠美さんに、エネルギー問題について活発な議論をしていただきたい。

フランスはエネルギーの7割以上を原発に依存する世界有数の原発大国である一方、ドイツはウクライナ戦争によりロシアからの燃料が入らなくなったにもかかわらず、2023年4月、最後に残った3基の原発を止め、「脱原発」を強行した。

ヨーロッパで覇《は》を競う両国が原子力政策については真逆だ。さて、日本はどちらを手本とすべきか、というのが本書のテーマだ。

山口昌子（以下、山口）：日本でフランスといえば、グルメとモードといったイメージが強いでしょうが、フランスの正式な国名は「フランス共和国」です。フランス憲法の第1章にはフランス革命のときの憲法から継承された有名な標語「自由、平等、博愛」が明記されています。単なる格好良いスローガンではなく国是としてです。新哲学派のアンドレ・グリュックスマンにインタビューしたとき、『独立』とは誰からも支配されず、ということは誰も支配せず、平等な立場で自由、かつ相手への友愛＝博愛の気持ちを持って自分の責任において行動すること」と解説してくれました。「革命の子」を自負するフランス人は、したがってエネルギー政策でも最優先事項は「独立」です。つまり、安全保障及びエネルギー問題は独立を守るためのもっとも重要な政策であることだと、国民は理解しています。「原発」は産油国の言いなりにならないため、フランスのエネルギーの「独立」を守るため、という大前提によって設立が決まりました。

ジャック・シラク大統領が1995年に核実験の再開を宣言したとき、これに大々的に反対した人はいませんでした。国防の要の「核抑止力」には、左派の社会党から共産党までみんな賛成だからです。それだけ国家の独立を重んじているのです。

川口マーン惠美（以下、川口）：ドイツから見るとフランスはものすごい国家主義国です。独立記念日には戦闘機が上空を飛び、軍隊が行進し、それを大統領が迎える。ドイツでは考えられない光景です。

山口：ドイツとフランスでは国家の形態からして違います。フランスは共和国で大統領は国家元首かつ三軍の長ですが、ドイツは連邦制で州政府が強く、大統領はお飾りのようなものでしょう。

逆にいうとフランスは「独立」という錦《にしき》の御旗《みはた》を立てれば、政策が通りやすいですね。

フランスは福島の事故当時、58基を擁する原発大国で、実にエネルギーの75％を原発に依存していました。前に申し上げましたように、フランスの場合、石油ショック時代の１９７０年代初頭に、「エネルギーの独立」という大前提に基づいて原発政策が推進されました。詳しい経緯については、後述します。

そして日本との決定的な違いは、フランスは〝核保有国〟でもあるという点です。フランスの抑止力としての核戦略は国防の要ですから、〝核〟に関しては非常に敏感です。

冷戦中の米ソ二大核保有国時代に、フランスは両大国からの軍事的、外交的「独立」という原則を基盤に、核保有を推進してきました。つまり、軍事核を国内に擁する国だからこそ、民事核としての原発の安全性には人一倍、神経を使っているわけです。

フランスでは日本のように、原発は「１００％安全」「事故ゼロ」という〝神話〟を信じている国民は皆無です。むしろ「事故ゼロはありえない」「万一、事故が発生したら、それを受け入れられる水準に食い止め、可能な限り安全を確保する」（当時のルピュサール放射線防護・原子力安全研究所〔ＩＲＳＮ〕所長）というデカルトの国らしく現実主義に立って、原発を推進してきました。

半面、日本は「事故ゼロ」というなんとも「ファンタスティック（幻想的、夢想的）」（フランス人記者）な非現実主義の立場から、原発を推進してきました。東京電力・福島第一原子力発電所事故（以降、１Ｆ事故）が発生するまでは、国民の大半は、この「事故ゼロ」という神話を信じてきたのではないでしょうか。

世界のマグニチュード６以上の地震の約20％が発生する地震大国でありながら、フランスに次ぐ54基の原発を擁してきた日本に、はたしてフランスのような「エネルギーの独立」という意志はあったのか。はなはだ疑問です。

しかも、日本は唯一の原爆被爆国として放射能の脅威を誰よりも知っているはずです。

何ゆえに原発を主力エネルギー源とすることを決めたのか。国会での審議や採決はどうだったのか。自戒を込めて言うのですが、メディアはどう報じてきたのかなどを含めて「原発」に関する正確な情報が、あまり国民に伝わっていない。そして、震災後は、脱原発派も推進派も議論を尽くさぬまま、なし崩し的に原発を止めたり再稼働したりしているように見えます。

もちろん、フランスの原発論議にも〝聖域〟があり、〝人災〟もあります。しかしそれでも日本が見習うべき点は少なくないでしょう。

私はそのようなフランス人の姿勢や見解を本書で紹介したいと思います。

安全保障の観点が〝ゼロ〟な日本とドイツ

川口：私はドイツに40年以上も住んでいますが、ドイツの脱原発と再エネ信仰については、繰り返し疑問を呈し、〝ドイツ見習え論〟が高まる日本の世論に水を差す意見をずっと発表し続けてきました（たとえば『ドイツの脱原発がよくわかる本』草思社）。その甲斐あって、私は日本ではれっきとした「原発推進派」です。
日本でもドイツでも、本屋で原発関連の書籍の棚を見ると、9割以上が反原発派の本です。ただ、私が日本は原発を活用すべきだと言うのは、安全保障の観点に拠ります。国を守るためには、エネルギーの安全保障が必要です。平たくいえば、子供や孫の世代を守るために、なるべく外国依存を減らさなければならない。エネルギーの自給率を上げるということは、食糧の自給と並んでもっとも重要なことです。これは、「自分のことは自分でする」というごく常識的な考えでもあるはずです。

エネルギーにせよ、食糧にせよ、軍事にせよ、安全保障とはリスクをゼロにすることではなく、生き残るためにどのリスクを選択するかの問題です。それは往々にして苦渋が伴う決断です。

たとえば原発の是非の論議で私が問題だと思うのは、脱原発派の人たちは日本の原発がテロや戦争でミサイル攻撃の対象になることに警鐘を鳴らし、防衛省関係者から「すべての原発の防衛はできない」というコメントを取る。そして、「だから原発をやめろ」という結論にもっていくのです。でも、もし本当に安全保障を考えるのであれば、今ある原発を守るにはどうすればいいか、どのように人員を配置し、防御体制を整えるかを議論しなければなりません。そして、防衛費の拡大も同時に議論の俎上《そじょう》に載せるべきでしょう。

もっとも大切なのは、原発を止めたあと、国家経済がどうなるのか、どのように国家を運営し、国民の生活を守っていくかということです。それもなしに、ただ「原発をやめろ」というのは、あまりにも無責任です。そのバランスをとりながら脱原発を唱えている人を、私は寡聞《かぶん》にして知りません。

私は単なる原発推進論者としてではなく、常に安全保障と国民の生活、つまり国益を念頭においてて本書の議論に臨むつもりです。

〝原発大国〟フランスからの警告

川口：ところで、「原発大国」であるフランスに住む山口さんも、日本では推進派と思われているのではありませんか。

山口：私は自分を推進派とも反対派とも規定したことはありません。ジャーナリストとして、関係者に取材し、きちんと裏取りしたものを書いているだけです。先に結論ありきの記事は「大本営発表」になりかねないし、何よりも事実に反していると考えています。それはプロパガンダです。読者が私の発信したメッセージを正しく受け取ってくれるように一生懸命書いています。

3・11による1F事故については、事故の翌2012年春に『原発大国フランスからの警告』（ワニブックスPLUS新書）を刊行しました。脱原発派、原発推進派を問わず読んでもらいたいと願って書いたものです。フランスはどのようにして原発大国（事故当時、米国は104基、フランスは58基、日本は54基）になったのか、日本との安全対策や情報開示の違い、日本とフランス国民との意識の差を指摘することにより、〝フクシマ後〟の日本の原発政策に少しでも役に立てればと思ったのです。否応《いやおう》なく日本の原発当局に関しては厳しい意見が紙幅を占めましたが、取材を通して傾聴すべき意見が多く、日本もフランスの考えを参考にするべきだとも思いました。

執筆にあたっては当然ながら、原発の関連機関の仏原子力安全局（ＡＳＮ）や仏放射線防護・原子力安全研究所（ＩＲＳＮ）をはじめできる限りの角度から原発に関する取材をしました。

フランスでは東日本大震災の直後からチャリティーバザーやコンサートで被災者向けの募金運動が活発に実施されました。２０１２年3月11日の一周年には発生時間の午前6時46分（パリ時間、日仏の時差8時間）にパリのトロカデロ広場で在仏日本人ら約１５００人が集まって被災者への哀悼の意を込めて献花も行われました。３月の薄暗い早朝の厳寒のなか、赤ちゃんや幼い子供を連れて参加した人もいました。政治活動には一切参加したことのないデザイナーの高田賢三さん（２０２０年死去）も発起人の一人でした。ノートルダム大聖堂では祈りが捧げられました。こうした日本人の祖国への熱い想いが、拙書を書いた動機の主因でもあります。

拙書発刊直後に一時帰国したとき、福島の日仏協会の招きにより同地で講演をしましたが、その際、地元の人の案内で立ち入り禁止区域以外の被災地をもれなく訪問しました。海辺に沿って点々と黒いビニール袋に包まれた廃棄物がまだ山積みされていました（注：ＡＳＮとＩＲＳＮは２０２５年1月1日から統合されてＡＳＮＲになった。統合による原発の安全監視の強化が目的である）。

川口：私がエネルギー問題にのめり込むことになったきっかけも、１Ｆ事故でした。ただ、フランスとは違い、ドイツには当時、すでに40年以上も反原発を唱え続けている緑の党、社民党、そして、多くの草の根の民衆がいたため、福島の事故は、被災者への同情もさることながら、「それ見たことか、やっぱり原発は危ない」という政治的メッセージに最大限利用されました。メディアも、事故直後からものすごく大げさに放射能の恐怖を煽り、日本全体が死の灰で覆われたかのような報道を流し続けました。それどころか緑の党の発信では、わざとかどうかわかりませんが、2万人の津波の犠牲者を、〝放射能による犠牲者〟と勘違いさせるようなものまでありました。

そんなわけで、当時のドイツでは、〝日本発〟の物はすべて忌避《きひ》され、郵便配達の人が、日本からの手紙に触れたがらなかったという嘘のような本当の話もありました。私はその雰囲気につくづく嫌気が差し、これらの風聞に正確に反論するため、原発のことを少しずつ勉強し、その後、ドイツが何をどう勘違いして、福島の事故から自らの脱原発へと迷走していったかを日本に向けて伝え始めました。以来、私の主張は一貫して、「日本は絶対にドイツのまねをしてはいけない」というものです。

なお、今、山口さんのお話を伺って思うのは、ドイツとフランスは、原発を持つことについての動機がまったく違っているのだなということです。ドイツには、原発と国の独立を関連づけるなどという感覚はまるでありません。

ガロンヌ川の西岸にあるゴルフェッシュ原子力発電所（フランス）

セーヌ川の北岸にあるノジャン原子力発電所（フランス）

モーゼル川の西にあるカットノン原子力発電所（フランス）

ロワール川の中州にあるサン＝ローラン＝デ＝ゾー原子力発電所（フランス）

誤解だらけのフランス

――昨年（2024年）はフランスで、パリ五輪が100年ぶりに開催された。

山口：なにかと話題の多かった五輪ですが、開会式でもっとも論議を呼んだのは、マリー・アントワネットが生首を抱えた「LIBERTE」（自由）と題した動画と、ドラァグクイーンらによるダ・ヴィンチの代表作「最後の晩餐」のパロディ化です。仏内でも「グロテスク」「悪趣味」「不快」などの意見が「X」にあふれました。

特に、カトリック団体からの強い抗議が目立った「最後の晩餐」のパロディ化に関しては、「不快な思いをさせたなら」として主催者側から謝罪が発表されています。

ただ、「マリー・アントワネットの生首」に関しては「フランス共和国」というフランス革命を第一共和制とするフランスの「国のかたち」という根源的な問題であるため公式謝罪はしていません。

多くの日本人が誤解していますが、「おフランス」ではなく（繰り返しになりますが）革命に端を発した「フランス共和国」だということです。

それからもうひとつ誤解されているのが、共和国ということで、フランス人の多くが左翼だと思っていることです。確かにフランス革命から第一共和制が始まり、今は第五共和制ですが、日本のように五輪反対のデモもゼロです。「（サヨク的な）フランス人は（国旗が乱舞し、国歌が絶唱されるウヨク的な）パリ五輪には反対でしょう」と、何度日本人に聞かれたことか（笑）。

フランスの革命記念日の軍事行進 ©AP/アフロ

7月14日の革命記念日は日本では「パリ祭」といって、ワインとシャンソンの日だと思われていますが、フランスではこの日は「国の祭日」です。

第一共和制になった日、つまり建国記念日です。国家のもっとも重要な祭日です。

目玉はシャンゼリゼ大通りの軍事行進。先ほど、川口さんがおっしゃったように、空では核弾頭搭載可能の最新型戦闘機が凱旋《がいせん》門すれすれに飛び、地上ではミサイル運搬戦車や兵士、兵学校の生徒ら約4000人が行進します。フランスは武器輸出国でもあるので、その宣伝もちゃっかり兼ねています。

川口：ドイツでは軍事行進などありえません。

今でもナチスの影響が強く、戦後ドイツでは、少しでも軍国主義を思わせるようなものはすべてご法度《はっと》です。私がドイツの軍隊の行進している姿を初めて見たのは、実は日本です。

自衛隊の音楽祭にドイツ連邦軍がゲストで招かれていたのですが、そのパフォーマンスがあまりにもピシッと決まっていて、びっくり仰天しました。

この人たち、やればできるんだと！

山口：1994年の革命記念日の軍事行進にドイツ軍を含む「欧州軍」が参加しました。ドイツ軍が登場した途端、それまでお祭り気分だった沿道の観客たちがシーンと静まり返った。ドイツ人の兵士は体格が大きくて威風堂々としていますから、ナチスがフランスを占領したときのことを思い出したみたいで、みんな静かになってしまった。ナチス時代そっくりのヘルメットを兵士がかぶっていて、戦車も迫力がありました（笑）。

もちろん、実際にナチスを知っている人はほとんどいませんが、映像では絶えず観ているからわかるのですね。1994年は米英仏など連合軍がナチス・ドイツに対する勝利を決定づけた「ノルマンディー上陸作戦」の50周年だったので、この軍事行進は「時期が悪い」と政府内にも賛否両論がありました。

フランスの「極右」政党は本物の極右

山口：いまフランスに来ている日本の新聞社の特派員のなかには、マリーヌ・ルペンが率いる（党首はジョルダン・バルデラ）「国民連合（RN）」を「極右の流れを汲む右翼」とか「もはや極右ではない普通の党」とか「ポピュリスト」等々と書いているところがあります。でも、ドイツやイギリスの記者はさすがにわかっていて、「エクストリーム・ライト（極右）」としていますね。

川口：私も、マリーヌ・ルペン氏の「国民連合」は、父親のときとは違い、今ではかなり角が取れて、いわゆる右派の国民政党のようになっていると認識していましたが、違うのですか？

山口：川口さんのおっしゃるとおり、一生懸命「極右」の「悪魔」的イメージ、つまり人種差別を堂々と標榜した父親のジャン＝マリ・ルペン（RNの前身の国民戦線＝FNの創始者、2025年1月7日に96歳で死去）のイメージの軟化を図っています。

国民連合が選挙で得票を伸ばしているのは、「諸悪の根源は移民」とする主張が共感を生んでいるからですが、選挙綱領（公約）を読めば、生地主義（droit de sol）の「廃止」を明記しています。一般の国民もきちんと綱領を読んでいる人は少数派です。2002年の大統領選でジャン＝マリ・ルペンが社会党のリオネル・ジョスパンを抑えて右派のシラクとともに決勝戦に進みました。このとき、ジャン＝マリ・ルペンに投票したのが、移民や労働者階級、つまり黒人や貧困層でした。彼らには彼が人種差別者との認識がなく、戦後の政界をずっと支配してきた右派と左派の2大政党にウンザリし、自分たちが取り残されていると感じていたのです。ちなみに決勝戦では社会党から共産党、緑の党などの支持者が反極右で結集した結果、シラクが82・21％の過去最高の得票率で当選しました。

生地主義というのは、「フランスで生まれた人は全員フランス人」、両親が何人であろうともフランスの国籍を与えるというものです。一方、フランスには「移民法」があり、これは時代の経済状況などを背景に何度も改定されています。労働力が必要なときは、旧植民地の人たちなどに対して、フランスへの出入りを比較的自由にして仕事に就けるようにした。１９７０年代にはフランスも高度成長期で労働力が足りないことから、北アフリカのアルジェリア、チュニジアやアフリカ大陸のマリ、カメルーンなどから移民が大量にやって来ました。彼ら移民一世のフランス生まれの子供、つまり移民二世、三世はフランスで生まれたれっきとしたフランス人です。ＲＮ支持者はこの移民二世、三世が増え続けたために、自分たちが経済的・社会的に圧迫されていると感じているわけです。

ちなみに日本の場合は生まれた場所ではなく血統主義です。

川口：トランプ大統領も生地主義の見直しを言い出しましたね。日本は血統主義ですが、極右ではありません。なぜ、フランスの場合は血統主義が極右につながるのですか？　そういえばドイツも以前は血統主義でしたが、今ではどんどん帰化が簡単になっていて、すでにスポーツなどではドイツ国籍を持った移民の二世などがナショナルチームに多く入っています。フランスでも、サッカーの選手などを見れば、すぐにわかりますね。でも、サッカーはともかくとして、私は、違った考え方の国民が急激に増えると、元の国柄が変わってしまうと思っていますので、愛国者が生地主義の否定にブレーキをかけようとするのはごく当然だと考えます。

山口：生地主義の否定が極右につながるのは、繰り返しになりますが、フランスが共和国だからです。憲法の前文には「(革命が起きた)1789年の宣言によって定義されるように、人の権利及び国民主権の原則への愛着を厳粛に宣言する」と述べ、さらに「共和国は自由、平等、及び博愛の共通の理想に立脚し」と謳っています。つまり、生地主義はこのフランスの国是「自由、平等、博愛」を基盤しているわけです。だから、生地主義の廃止はこの「自由、平等、博愛」の否定、つまり共和国の否定になりかねないわけです。

サッカーの国際親善試合でフランスがセネガル代表と試合をしたとき、「どっちがフランス代表かわからない」と言ったのはジャン＝マリ・ルペンです。フランスではまた、人種はもとより、あらゆる差別を刑法で禁止しているので、彼は18回も有罪判決を受けています。親と子はもちろん別人格です。親が犯罪者だからといって子供は絶対に責められるべきではありません。ただ、マリーヌ・ルペンの場合はFN（国民戦線）時代に自分の意志で入党し、父親の後継者としてFNの党首になりました。その後、「人種差別」のイメージが強いFNでは、絶対に選挙では勝てないとの判断から、党名を変えたりしたわけです。父親も最終的には党から追い出しました。「衣の下に鎧《よろい》」ですよ。彼女のこうした戦術が功を奏した結果、日本人特派員などがシタリ顔で、「RNはもはや極右ではない」などと言っているわけです。

これは冗談ですが、血統主義だったドイツがFIFAワールドカップで勝てなくなったから、1999年に国籍法を生地主義に変えたという話があります。

繰り返しになりますが、生地主義の否定とは、自由・平等・博愛を国是とするフランス共和国の理念に基づいているわけです。つまり、フランス革命が第一共和制の共和国の否定であり、極右以外の何ものでもありません。欧州議会選挙（2024年6月）で、国民連合はEU域内を自由に往来できるシェンゲン協定を「仏人国籍以外には制限する」と選挙綱領に明記しています。日本人もこれに該当するわけですが、日本人記者のなかには、そんなことは知らずに、マリーヌ・ルペンを支持している人もいます。もっとも、RNが共和制を否定して、王制復古を目指しているわけではありません。マリーヌ・ルペンが目指しているのは、共和国大統領の座です。つまり政権です。フランスは少数派ながら王党派がいます。政党を形成するほどの勢力にはなりませんし、その気もないのですが1793年に国王ルイ16世がギロチン台の露と消えた日を追悼して、毎年、1月21日には集まって、ギロチン台が設置されていたコンコルド広場で集会を開いたり、ルイ王朝の墓があるパリ郊外サンドニの大聖堂でミサを行ったりしています。

仏歴史家で極右研究の専門家、故ルネ・レモンはかつて私に、「フランスでは極右と右派（保守）の間には深くて渡れない川があるのでイタリアやドイツ、オーストリアなどのような極右と右派による連立政権は絶対にありえない」と述べ、「極右」と「右派」が決定的に異なることを強調していました。

パリ五輪は「LGBT祭典」

川口：パリ五輪は「LGBT祭典だった」とか、また、選手村がエコだったとか、食事がベジタリアン中心だったなど、評判が悪かったと言われましたが、フランス全体にそのようないわゆる左傾の傾向があるのでしょうか？

実は、ドイツサッカー連盟（DFB）は政府以上にLGBT（L＝レズビアン、G＝ゲイ、

B＝バイセクシュアル、T＝トランスジェンダー）に前のめりになっていて、選手たちの試合前のLGBT擁護のパフォーマンスはもちろん、2024年6月のヨーロッパ選手権ではアウェイ用ユニフォームの色が、突然、ピンクと紫というこれまでにないものになったことも、それに関連しているのだろうと話題になりました。もし、そうなら、政治的に振り回される選手たちは迷惑千万。

いずれにせよ大変評判の悪いユニフォームでした。

山口：そうですね。式典の芸術監督トマ・ジョリー（演出家）と、キリスト的人物を演じた冠を被ったDJ役のバーバラ・ブッチは同性愛者であることを公表しているし、フランスでは2024年の1月から9月まで首相を務めたガブリエル・アタルをはじめ同性愛を公表している公人・有名人は珍しくなく、同性愛に関しては不問です。

川口：ドイツでも、有名人や政治家にも同性愛の人はたくさんいますし、それをいえば、日本だって同性愛に対してはまったく寛容です。でも、同性愛に関して寛容というのと、それを国家の一大イベントで、大々的にアピールするのとは別ではないでしょうか？　政治的アピールの感が否めません。

山口：というより、たまたま「適任者」が同性愛者だったということです。

仏メディアは当局筋として、「パリ五輪」の開幕式での「同性愛への批判、非難の多くが英語の書き込み」であると報じ、フランス人より英語圏をはじめ外国人からの批判、非難が多かったとの見方を示しています。五輪開幕直後の仏内での各種世論調査では、式典を「成功」とする者が80～86％と軒並み80％台の高率を示しました。日本国内の印象とはずいぶん違うと思います。

また、食事に関しては健康食としてよかれと思ってベジタリアンを選手村に導入したのですが、これは確かに失敗でしたね。星付きレストランのシェフが選手村の食事を担当しましたが、運動選手にはやっぱり炭水化物がたっぷり必要ですから。フランスでは日本食は永遠のブームです。なぜかというと、お米やお刺し身は自然食だと思われているからです。「お米を食べると痩せる」と思っている仏女性もいます（笑）。

川口：肉を食べなくなっているのですか？

山口：そうです。統計でも肉の消費量が減っていることが明確に出ています。赤身の肉、牛肉や豚肉は健康に良くないと。鶏肉の消費量が増えています。また、お昼にワインも飲まなくなった。肉料理を食べなくなったからですが、眠くなって仕事に差し障るからとも言っています（笑）。ワインを飲まないこともあって昼食時間が確実に短くなっていますね。

コロナですごく変わったのは出前をやるようになったこと。出前は日本の文化では当たり前で、便利ですけれど、フランスではコロナのとき、レストランが全部閉鎖されたから、出前をやるようになりました。それとテーク・アウト。お店でサンドイッチなどテーク・アウト用の商品を出すところが圧倒的に多くなっています。

川口：ドイツでもコロナ以来ウーバーなど出前サービスが盛況ですが、ピザなどは以前から配達があったのでいいとして、それ以外のものは、日本と違って出前のテクニックがないので、詳細はかなり微妙なようです（笑）。

ただ、同性愛に関しても、食べ物に関しても、国が手を突っ込んでくることには、私は反対です。どちらも放っておいてほしい。

山口：ドイツもフランスも日本もアメリカも英国も、多数の民主主義国家は国民を主権者とする国民国家です。ということは国家は国民を保護する義務があるということです。フランスには地震帯は南仏のごく一部にしかありませんが、あるとき、その南仏ニースで微震がありました。このとき、ニース市民が一斉に、迷わず逃げ込んだのが警察署でした。体育館でも市民ホールでもありません。なぜかというと、警察は国家権力の象徴です。つまり「いざというときには国家が助けてくれる」とフランス人は信じているんですね（笑）。

テロへの厳戒態勢も誰も文句を言わない

川口：五輪の警備はそうとう厳重だったのではありませんか。特に今、アラブ人のイスラエルに対する敵意が高まっていますからね。無事に大会を終えられたのは、フランス当局の功績だと思います。

1972年に西ドイツで行われたミュンヘン五輪では、パレスチナ武装組織「黒い九月」のテロリスト8人が、イスラエル選手の選手村を襲撃し、人質9人を含む選手11人、警察官1人、犯人5人の合計17人が死亡する大惨事がありました。当時もやはりアラブとパレスチナの関係が非常に緊張していた。

山口：おっしゃるとおりです。もっとも懸念されたのは治安問題であり、テロです。それも、「イスラム国（IS）」などイスラム教過激派によるテロ。ですから今回、「特に厳重警備の対象」（ダルマナン内相、当時）だったのがイスラエル選手団と開会式に出席したイツハク・ヘルツォグ大統領でした。仏当局は開会式開始前に五輪関係者約100万人の身元調査をしました。これにより4500人が排除され、約1000人にスパイ行為などが見つかりました。

競技選手1万1000人にパラリンピック競技選手4400人、さらに会期中の予想観光客数約1500万人（実際には下回った）をいかに無事に過ごさせ、擁護するかが大問題でした。コロナ禍前のフランスの観光客数は年間9000万人超。対して仏人口は約6800万人ですからね。

開催1カ月前から、開会式の舞台であるセーヌ川の周辺はもとより、各競技場周辺には厳戒態勢が敷かれました。競技場になったコンコルド広場に近い地下鉄の最寄り駅3カ所は閉鎖され、エッフェル塔周辺やセーヌ河畔近くのバス停は爆発物などの点検と道路工事の影響もあって、場所が変わりました。

1週間以上前から、あちこちで車、自転車、徒歩での通行が禁止になり、警官による身元確認が行われ、競技場近くの住人は通行許可用のQRコードが必要になりました。それでも文句を言う人は誰もいません。

私が日本人として残念に思ったのは、開催中は毎日4万5000人の警官（憲兵隊を含む）と1万人の兵士に加えて、民間の警備員2万2000人が警備にあたったのですが、40カ国から警官ら1750人が助っ人として駆けつけたのに、日本の警察官はゼロでした。辞退したのかお呼びがなかったのかわかりませんが。韓国も31人派遣しています。エストニアやモロッコのような日本よりずっと小国の国まで警官を送っています。在仏日本大使館に駐在する日本の警視庁派遣の方は毎回優秀な人が多いだけに残念でした。明治政府は警察システムをフランスから学んだ歴史があるので関係が深いからなおさらです。

それはともかく、開会式の当日の早朝、仏自慢の超特急TGVへ「破壊行為」があり、仏中をヒヤッとさせました。その数日後にも電信網への「破壊行為」がありました。両方とも犯行声明が出ないことや専門的知識のある者の犯行との見方が強く、仏メディアは当局筋の情報として、仏内の極左組織の犯行の可能性を報じていました。もっとも2024年末に当局が発表したところによると、2024年中に9件の大規模テロ計画があり、うち5件が五輪を狙ったものだったとのことです。

「パリ五輪開催中」はシャンゼリゼ大通りなどでは50メートル置きに4、5人のパトロール隊が配置されました。

ハマスの最高幹部の一人イスマイル・ハニヤが五輪開催直後の7月31日に殺害されたときは、報復テロを警戒して、治安のパトロール隊の人数が数倍に増えました。ハニヤの後任でガザ奇襲を指揮したとされるヤヒヤ・シンワルが2024年10月18日に殺害されたときも、シャンゼリゼ大通りのパトロール隊が通常の警官から兵士に替わるなど、中東情勢はフランスに直接影響があります。

〝近い〟中東はフランスでは政治問題

川口：２０２３年10月７日のハマスのイスラエル急襲（死者１２００人、負傷者、人質多数）のあと、その報復として、イスラエルによる人道を無視したような激しいガザ攻撃が続いていますが、フランスではそれに抗議するデモが起きていますか？　ドイツでは、アラブ人だけではなく、ドイツ人も含めて、抗議デモが起こり、政府を困らせました。ドイツ政府としては、ホロコーストがあるので、イスラエル全面支援の姿勢は崩せませんから。フランスではアラブ系の住人たちによるイスラエルに対する抗議デモは起きていますか？

山口：年に３０００件もデモが起きるフランスですが、イスラエル自体への反対デモは起きていません。フランスにはユダヤ系もアラブ系の住民も、それぞれ10％前後いるので、どちらに加担しているということはありません。人質解放を要求するなどのデモはありますが。

フランスに住んでいると中東はすごく〝近く〟感じます。地理的にも歴史的にも古くから深い関係があるからです。

ハマスによるイスラエル急襲ではフランス人42人（フランスとイスラエルの二重国籍者を含む）が犠牲になりました（行方不明者、人質もいるので最終的な犠牲者の数は不明。２０２４

年12月現在)。ハマスの奇襲後、仏内の学校や聖堂、食料品店などユダヤ系の施設は即、厳戒態勢下に置かれました。

国際世論ではイスラエルが悪者になっているので、ユダヤ系の人たちが緊張しているのがわかります。第二次世界大戦時にユダヤ人が迫害を受けた歴史もありますから。

逆にいうと警官などの警戒態勢を見ることで中東で何かあったかがわかるくらいです。

中東問題はフランスではむしろ、エネルギー問題というより外交、政治問題であり、一般市民にとっては日常の治安問題です。

農民が尊敬されているドイツとフランス

川口:ドイツ政府は、社民党、緑の党、自民党の3党連立で、2021年12月に成立したものですが(11月に仲間割れが高じて自民党が抜け、現在は社民党と緑の党の少数与党)、最大の影響力を行使していたのは社民党ではなく、ほとんど極左ともいえる緑の党です。それもあって、エネルギー政策も、気候変動対策も、移民・難民政策も、ことごとく失敗し、経済は停滞するわ、治安は悪化するわで、大企業は大急ぎで国外逃避しています。そのうえ、2023年の末には用途の違うお金を違法に予算に組み込んでいたことを憲法裁判所（最高裁に相当）にとがめられ、以来、政府は救いようのない金欠です。

２０２４年の歳入は、これまでで一番多かったというのにお金がまるで足りないのですから、どれだけ無駄なことに使っているかということです。

しかし、それでも、フーベルトゥス・ハイル労働相（社民党）は新しい生活保護制度をつくり、労働可能な外国人を含む合計４００万人にお金を配ったり、増え続ける再エネの発電分を、赤字覚悟でもれなく買い取ったり、ウクライナにEUで最多の資金援助をしたり、ロシアのガスをボイコットして高い液化天然ガスを買わざるをえなくなったりで、財政の穴は広がるばかりです。結局、２０２５年からは、国民は増税以外にも様々な名目で、さらにお金を搾り取られることになっています。

ジャーナリストのマリオ・トゥーネス氏はこのドイツの現状を、「牛は大量の乳を出しているが、これ以上搾乳機を増やすとぶっ倒れる状態」と表現しています。でも社民党のオラフ・ショルツ首相は権力闘争に現《うつつ》を抜かし、ついに連立政権が崩壊。２０２５年2月23日に前倒し総選挙の予定ですが、政権はすでにレームダック化しています。

フランスのエマニュエル・マクロン政権もレームダック状態に見えますが、どうでしょう。

山口：石破茂政権と一緒で、与党が過半数以下の少数議会なので予算が通りません。そこで

2024年12月に、いざというときに予算を通す憲法49条の3という〝伝家の宝刀〟を抜きました。これは首相の「信任、不信任」、要するに首相の首をかけて法案を通す方法です。通常は与党が過半数を割っても、なんとか与党寄りの政党と組んで、「信任」を得て、法案を通してきました。今回は「不信任」という結果になり、ミシェル・バルニエ首相が就任約3カ月で辞任しました。後任には中道右派政党のフランソワ・バイルが任命され、またしても「伝家の宝刀」を抜きましたが、今度はなんとか予算を通しました（2025年2月5日現在）。

マクロン大統領の支持率は確かに22％と低いです（2024年末現在）。マクロンに対し辞任を求める声も出ていますが、任期がまだ2027年まで残っているので、おそらくそれはないでしょう。マリーヌ・ルペンは国民投票でマクロンの辞任を問うべきだと主張しています。

川口：再処理反対のデモだったと思いますが、フランスでもデモが起きているのをテレビで観ました。でも警察が強くて、デモ隊をこん棒で殴っていました。

山口：再処理に対しては粉状にした再処理燃料から放射線が漏れる可能性があるということで1990年代にCOGEMA（コジェマ：アレバの前身）のラ・アーグの工場から再処理燃料（プルトニウム）が運搬されたときだと思いますが、環境派を中心に激しい反対デモが起きました。2007年には同工場付近で白血病が増えているとのニュースもありました。ただ、フランスではなぜか環境派というのは大きな勢力にはなりません。

フランスの警官は確かに乱暴ですね。最近は逮捕されて起訴されたケースも複数あります。話は飛びますが、今、フランスで大騒ぎしているのは農民デモです。

ＥＵがブラジルなど南米5カ国で形成されている「ＭＥＲＣＯＳＵＲ（メルコスール：南米南部共同市場、アルゼンチン、ブラジル、パラグアイ、ウルグアイ、ボリビアの5カ国からなる関税同盟。１９９５年1月から域内関税を撤廃）」と協定を結ぶことに対して、「安価な南米産の農産物が流入して打撃を受ける」と猛反対するデモが巻き起こっています。「農業大国のフランス」にとって小麦など農産物の輸出は重要問題です。以前は米国に次ぐ世界2位でしたが、直近では4位です。農業大国がそろう南米は脅威です。一方、自動車などの工業製品の輸出が伸びているドイツにとってはこの協定は有利です。

結局、２０２４年12月6日にＥＵとメルコスールとの同盟協定は締結されましたが、今後もフランス農民の反発は続くでしょう。

フランスの国土の半分近くは農地なんですが、戦後、過酷な仕事の農業の後継者が減り、一軒で60ヘクタールなどという（東京ドーム約13個分）大規模農家が増えました。ただ、農家の軒数自体は減っています。

川口：ドイツでは２０２４年の新年早々、農民を中心に戦後最大規模の反政府デモが繰り広げられました。元はといえば、２０２３年末、政府が農家に対する幾つかの補助金を撤廃しようとしたからです。

ただ、ドイツに限ったことではありませんが、農民の不満の元凶は、おそらくEU諸国のどこもほぼ同じで、EUの無意味な介入に対する長年の不満が爆発したものです。EUでは官僚主義がすでに底なし沼のようになっており、農業について何の知識もない官僚が、農民からみれば何の役にも立たない規則を何百もつくって押し付けてくる。農家はそれらの規則にがんじがらめになっているばかりか、詳細な報告義務まで課せられており、それだけでも膨大な時間がかかる。もちろん、時は金なりなので、最終的に経済的な負担にもつながる。

なかでも環境規制が法外に厳しく、これを守っていたら農業を放棄しなければならないというレベルまで達しています。そのため、環境規制をクリアできず、農業を諦める農家が続出しました。それを大規模農家が買う。否応なく農業の集約化が進んでいくのは、フランスの事情と似ているかと思います。先祖代々耕してきた土地を離れなければならない農民の怒りと悲しみを思うと胸がつまります。

緑の党は、環境党を標榜しながら、農業を非常に敵視しています。緑の党にとって農業とは、〝自然を潰す悪いもの〟なのです。これに、自分たちこそが自然を守り、人々の食を守ってきたと信じている誇り高き農民たちが激怒しています。

山口：フランスでもEUの規制に対して、農民は猛反発しています。鶏の屋内飼育用の囲いの

パリ国際農業見本市閉幕のパレード ©HEMIS/アフロ

枠の幅などをセンチメートル単位で規制してくるからです。農民にRN（国民連合）支持者が多いのは、RNが「反欧州、反EU」を標榜しているからです。

フランスでは農民はものすごく尊敬されています。年に一度、1月末に約1週間にわたって、「国際農業見本市（Salon International de l' Agriculture」という祭典が行われています。食肉用の牛、豚、羊、鶏など家畜類をはじめワインやハム、チーズなどの加工製品が広い会場を埋め尽くします。最終日には牛などの品評会があります。入場者は60万から100万人。子供連れで来る人も多い。大統領は初日に行きますし、各党の党首も必ず行きます。大統領が何時間視察したかなど時間で評価されたりします。メディアも13時間とか18時間などと大統領の滞在時間を書き立てます（笑）。政治家が行くようになったのはシラクが農水相時代に行ったのが始まりです。シラクさんは大統領時代も初日に欠かさず行きました。大食漢でワインをがぶ飲みし、ハムやチーズを次々とパクついたので、農民からの支持は絶大でした。

図々しいドゴールの"外交力"を見習え

山口：私がフランスでもっとも尊敬しているのは農民とシャルル・ドゴール将軍です。

ドゴール政権（1958～1969年）が9年間とあまりにも長期政権だったため、1968年の5月革命当時、アンチ・ドゴールの激しい動きもありましたけど（1969年に「上院改革など」に関する国民投票で敗北したため辞任）、今では「フランス人は左右の別なく全員がドゴール主義者」と主要週刊誌『レクスプレス』の大物記者が言っていました。同誌は当初は「反ドゴール路線」でした。ドゴールは銅像を嫌っていましたが、ウィンストン・チャーチルの銅像がシャンゼリゼ大通りにあるのにドゴールの銅像がないのはおかしいということで、ドゴールの銅像がシャンゼリゼ大通りにできました。

ドゴールがロンドンに亡命し、ドイツに対する抵抗運動「レジスタンス」を呼びかけた1940年6月18日の記念日を知らないフランス人はいません。"フランス通"と称してこの日を知らない日本人もいますが、もぐりですよ。

毎年6月18日には、左右の党派に関係なく、時の大統領がドゴールの銅像に献花を捧げ、感謝します。

それは当然のことです。ドゴール将軍がいなかったら、フランスは第二次世界大戦で、ドイツに占領されたまま敗戦国になるところでした。ドゴール将軍がレジスタンスをやり、巧みな外交も行った結果、戦勝国の地位になりおおせました。フランスは第二次世界大戦の戦勝国で構成された国連常任理事国になりました。

第二次世界大戦のポツダム降伏文書に調印する際に、戦勝国の連合軍側にずらっと将軍が並んでいるなかに、フランスのラトル・ド・タンニ将軍がいるのを見て、ドイツのヴェルヘルム・カイテル元帥が仰天したという逸話が残っています。思わず「なぜだ？」と叫んだそうです。昨日まで自分たちが占領していた国の将軍が戦勝国側にいたのだから無理もありません。

フランスとドイツの関係はライバルだけでなく、かくも微妙な関係にあります。ヘルムート・コール首相とフランソワ・ミッテラン大統領のころは大変仲がよかった時期でした。コールは保守でミッテランは社会党でしたが、党派を超えて二輪馬車で欧州統合をやると言っていました。そのコールでさえドイツ統一の最終合意文書が調印されたときの声明文に、フランスが戦勝国であることを書き忘れていた。故意かどうかはわかりませんが、フランスでは「コールよ、お前もか」となりました（笑）。

川口：以前、山口さんが「チャンネル桜」でおっしゃっていたのを覚えています。フランスでは絶対に悪口を言ってはいけない人が3人いる。ドゴールとナポレオンとジャンヌ・ダルクです。

山口：イギリス人がフランスに来て驚くのはナポレオンなんです。イギリスでは幼少のころからナポレオンは不倶戴天《ふぐたいてん》の最悪な敵として教えているので、フランスで英雄になっていることが理解できないそうです。英国とフランスは百年戦争をやっていますから、この時期のフランスの英雄ジャンヌ・ダルクもイギリスの風刺画などではひどく描かれていますね。

川口：フランスは、経済はかなり破綻していますが、いまだに外交力がすごい。ドゴール譲りの伝統ですね。外交だけで世界の一等国の座を占めています。それに比べてドイツは、経済力があっても、とかく孤立しがちです。日本に至ってはもっとひどくて、外交とは国際親善だと思っている。

山口：フランスからすれば自分たちは常任理事国であり、核保有国であるという自負があります。ドイツと日本はそのどちらでもない、というわけです。

川口：だから日本のようにドイツを見習え、フランスを見習えというようにはならないわけですね。

山口：そうですね。ドイツも日本も経済力は上位にありますが、それはアメリカの「傘の下」にいて、軍事費を抑えられたからだからとフランス人は思っています。

川口：日本とドイツは国連の分担金は3位と4位と高いのに。

山口：フランスは両国の常任理事国入りには賛成と言うんです。「しかし」と必ず、続けます。

常任理事国にはアフリカの国も入れようと。つまり、アフリカの国は多いから、どこが入るかで必ずもめる。結果的に日本もドイツも入れないのです（笑）。

シラクさんは日本びいきの大統領として有名ですが、彼でさえ日本を常任理事国に入れる気はさらさらありませんでした。その辺のところが日本人はよくわかっていません。

川口：シラク氏は大相撲が好きでしたね。日本人はそういうのに弱いですよね。ウラジーミル・プーチン大統領は柔道ができるだとか、中国のパンダが可愛いとか。でもそれと外交とでは話が違います。

山口：ただ、シラクさんは日本の歴史や文化に非常に精通していました。1996年10月にパリで「奈良興福寺展」が開催されたとき、友人の仏教学の権威であるコレージュ・ド・フランス教授が大統領を案内しました。さすがに緊張して、ある年月日を間違えて伝えてしまったのですが、シラクさんがすかさず訂正してくれたそうです。彼は1968年5月革命世代で、当時は左派でシラクさんを批判していたのですが、それ以後、シラクさんの悪口は一切言わなくなりました（笑）。

川口：知性に裏付けられた強《したた》かさですね。日本では〝ドイツ見習え論〟ばかりですが、フランスこそ手本にしてほしいことがいっぱいあります。

山口：そのシラクさんが亡くなって国葬が行われたとき、日本からは駐仏大使が出席しただけで、日本からは誰も来ませんでした。米国からは引退していたビル・クリントンがアーカンソンの田舎からわざわざ駆けつけたというのに。

フランスとドイツは仲が悪い？

山口：でも、フランス在住の外国人がフランス人抜きで集まると、フランスの悪口大会が始まります。それはアメリカ人もドイツ人もどこの国も一緒。私を含めてみんな文句を言いながらもなぜかフランスに住んでいる（笑）。

シャルル・ドゴール（1942年）

川口：居心地がいいんですか？

山口：みんな悪いと言っています。それなのに、なぜか住んでいる。

ただフランスは社会保障制度がしっかりしているから医療費などは安いです。社会保障制度を決めたのもドゴール将軍なのですが、社会制度の負担金、これがけっこう高いのですが、それを支払っていない人でもワクチンなどは無料です。さすが福祉国家。その代わり消費税は20％と高い。

川口：ドイツも19％。ヨーロッパの消費税はどこも高いですね。しかも、ドイツはその他の税金や社会保障費も高い。日本だって消費税が安くても他の税が高い。

ところで、フランスとドイツはいまだに仲が悪いですね。

山口：フランスも住民税は2023年1月から廃止になりました。セカンドハウスにはかかりますが。フランスにとって歴史的に強敵なのは隣国ドイツです。だから同じように隣国ドイツを脅威に感じているロシアとフランスは案外仲がいい。ウクライナ戦争が始まっても、ロシアとの関係を明確に切ってはいません。

先ほどコールとミッテランの独仏蜜月の話をしましたが、ベルリンの壁崩壊直後にミッテランが飛んで行った先はウクライナのキーウ。そこでミハイル・ゴルバチョフと会って対独関係を確認するためでした。ミッテランの外交上の「最大の汚点」と言われています。それまでコールさんとは仲がよく、「ドイツの統一を願う」と言っていました。ところが、いざ、統一となったときには、ミッテランがドイツを脅威に感じていることがばれてしまった。ただ、ミッテランさんの葬儀のとき、コールさんが巨体を揺すって泣いている姿がテレビ中継で大写しになり、印象的でした。

それから、シラクさんの時代の1996年にフランスは国防改革で陸海空の3系統から海空の2系統にしたのに伴い、やっと地対地短距離核ミサイル「アデス」（250～480キロ）を正式に廃棄しました。フランスは最後までこの短距離核ミサイルを廃棄しなかった。

川口：250キロというのはドイツをターゲットにしていたものですね（笑）。

山口：だからドイツは怒っていました。戦後50年以上経ってから、やっと、ドイツが潜在的敵国ではなくなったので廃棄したわけですから。

その点、北朝鮮や中国のように明らかに日本に向けたミサイルを何百発も持って、核武装している近隣諸国があるのに平気な顔をしている日本という国が不思議です。

川口：尖閣諸島周辺など中国公船に毎日のように接続水域で航行されているし、中国軍機も領空侵犯をくり返しているのに慣れっこになってしまったようで、ニュースにもならない。でも、それこそ中国の思うつぼで、着実に日本侵攻が進んでいるのに危機感がない。ここまで緩んでいる国も珍しい。

山口：島国の日本人には国境を一本の線で接している大陸の隣国関係はなかなか理解しにくいのかもしれませんね。欧州などの大陸ではアッという間に国境を突破して戦車が突進して来るわけですから。

川口：ただ私は、そのうち日本人も目覚めると思いますよ。いくら安全保障が大切だとか、エネルギー政策が大切だといっても心には響かない。でも、エネルギー価格の高騰でどうしようもないほど明らかにサイフが痛みだしたら、国民もハタと目覚めると思う。
だからもうすぐだと思います、日本人が目覚めるのは。

第1章

戦争とトランプ大統領再選で激変するエネルギー地政学

ウクライナ、中東大混乱もフランスへの影響は軽微

――ウクライナ戦争に加え、イスラエル紛争、シリアのアサド政権の崩壊など中東情勢のいっそうの緊迫化により、〝中東に近い〟ヨーロッパの安全保障環境が激変している。そうしたなか、フランスとドイツはこの変化をどのように受け止めているのか。

山口：ウクライナ戦争は確かに、欧州連合（ＥＵ）のエネルギー問題に大きな影響を与えました。エネルギー源の不足という現実的な影響に加え、ある意味でエネルギー源に関して、真剣に考えるようになったからです。

ウクライナ戦争前、つまり２０２２年２月24日以前にはＥＵはロシアから天然ガスの45％を輸入（数字は２０２２年３月の仏上院調査、以下同じ）していました。石油は20～25％です。戦争前の２０２１年８月にはＥＵは１４９０万トンの石油をロシアから輸入していましたが、戦争勃発後の２０２３年８月には１７０万トンと激減しました。

ロシアから欧州へのパイプラインによるガス輸送は、①バルト海経由のノルドストリーム、②ベラルーシ経由、③ウクライナ経由、④トルコ経由がありますが、①と②は対ロシアへの制裁とパイプラインの破壊で輸送を停止しています。④の輸送量は多くないので影響もたいした

ことはありません。

問題は③のウクライナ経由での輸送です。2022年2月の戦争勃発後も続行し、スロバキアやオーストリア、チェコなど主として東欧へのロシア産の液体ガスの供給が行われたのは、ウクライナとロシアが戦争前の2019年に輸送に関して「年間平均450億立方メートルの液体ガスを欧州に輸送する」との5年の長期契約を結んでいたからです。

ところがウクライナのデニス・シュミハリ首相が2024年12月20日に「2025年1月1日午前7時に輸送を停止する」と発表しました。つまり契約の続行はなし、ということです。プーチン露大統領も2024年12月26日の記者会見で、「ウクライナ経由の天然ガスの供給停止」を確認しました。冬場を迎える時期だっただけに、EU内では燃料費の高騰などが懸念されました。

ウクライナとしてはトランプ政権の誕生や停戦の動きを前に、ウクライナに少しでも有利な形で戦争を終わらせようと米欧に圧力をかける意味があったとの見方があります。

ただ、27カ国のEU加盟各国ではロシア産のエネルギー源の輸入量には差があります。したがって影響の程度にも差があります。あとで詳述しますが、フランスはご承知のように原発があるので、他の国とはエネルギー源の供給では差があると思います。

ただ、比較的影響が少ないフランスでさえ電気料金は上がっています。電気料金だけではありませんがね。

フランスの場合は車族が多いので、ガソリン代の高騰には敏感です。特に農業地帯など地方では車はもとより、大型トラクターなど農業器具が必需品のうえ、干害、水害など気候問題も加わり、エネルギー問題は生活と密接に結びついています。またエネルギー問題は都市より地方のほうが一般的に敏感です。加えてこの干害や水害といった現象はこの数年、頻繁に発生しており、地球温暖化の影響が囁《ささや》かれています。

脱原発、脱石炭で脱産業の墓穴を掘ったドイツ

川口：フランスに比べてドイツは悲惨です。

２０１０年代から、ドイツ経済がメキメキと上向いていったのは、２０１１年に天然ガスパイプライン・ノルドストリームが完成して、安いガスが手に入るようになったのが大きい。ただ、最初、ロシアガスへの依存率は30％を超えないようにしようといわれていたにもかかわらず、ウクライナ戦争が始まる前には、ドイツは天然ガスの55％、石炭の45％、原油の34％をロシアに依存していました。そして、この安価なガスを提供したパイプラインには南欧やその他EUなど多くの国もぶら下がっていました。

そこにウクライナ戦争が始まり、EUはロシアへの経済制裁として、ロシアのエネルギーのボイコットという愚行に走りました。ドイツもそのボイコットに先頭切って参加し、石炭と石油は、即座にほぼすべて輸入をやめました。しかし、ガスだけは2024年をめどに徐々に〝ボイコット〟するなどという都合のいいことを言っていました。

しかし、ロシアがそれに付き合ってくれるはずはなく、夏ごろには流れてくるガスがだんだん減り、そのうち〝故障〟その他で、ガスは来なくなりました。そこで、このままでは冬が越せないと政府も国民も焦っていたところ、2022年9月の終わり、ノルドストリームが何者かによって爆破され、ロシアガスの輸入再開への望みが完全に絶たれてしまったのです。

少し話を戻します。社民党が政権に就いたのは2021年12月で、その年の大みそかに、彼らは当時稼働中だった6基の原発のうちの3基を予定どおり止めました。当時はまだウクライナ戦争は始まっていませんでしたが、ロシアの戦車がすでにウクライナ国境に展開していたし、他の要因もあってすでに電気代は高騰していました。ところが、経済を担当していた緑の党は、原発を止めることしか頭になかったのです。

その後、まもなくウクライナ戦争が始まり、ドイツは本当にエネルギー危機となりました。当然、国民の間では、残っている最後の3基の原発の稼働年数を延長すべきだという声が高まりましたが、信じ難いことにドイツ政府が延長したのはたったの3カ月半。それもイヤイヤの延長でした。こうして2023年4月15日、ついに最後の3基が止まり、ドイツは祈願の〝脱原発〟を完遂したのです。せっかく快調に動いていた原発を、エネルギー危機の真っ最中に止めたのは、はっきりいって、正気の沙汰《さた》ではありません。

ドイツでは、工場などの他、多くの自治体が、広域暖房や地域の温水供給にガスを使っています。もちろん、ガスの火力発電もあります。つまり、ガスはどんなに高くても絶対に欠かせません。そうなると高いLNG（液化天然ガス）を調達するしかありません。

しかし、これまでパイプラインから流れてくる安いロシアの生ガスにどっぷり浸っていたドイツには、LNGを受け入れるためのターミナルさえなかったのです。ウクライナ戦争の勃発後、突貫工事で2基造ったものの、そんなものでは間に合わない。結局、電気代、ガス代ともに一時は2倍から10倍に跳ね上がり、2023年のGDPはマイナス0・3％に沈みました。

そのため、原発に激しいアレルギーのあったドイツ国民も、今ではさすがに原発を再稼働すべきではないか、と思い始めています。でも、政権内にいる緑の党は聞く耳を持たない。経済・気候保護省（以降・経済省）のロバート・ハーベック大臣は、国家経済がどうなろうとお構いなしです。それどころか今でも、脱原発は、緑の党、一世一代の快挙だったと思っているようです。

なお、石炭に関しては、ドイツ政府はメルケル政権時に、2038年までの脱石炭を決めま

ロバート・ハーベック

したが、緑の党は当時、それでは遅すぎるとクレームをつけ、2030年までにすべての石炭火力を停止することを主張しました。

2021年12月に現在の社民党政権ができてからは、与党に加わった緑の党のたっての要求で、「理想としては2030年に脱石炭」という文言が政府の連立協定書に書き込まれたのです。

つまり、現在、ドイツではどんどん石炭・褐炭火力が減っている最中で、ハーベックは、電気不足と電気代の高騰にもかかわらず、直近では2024年4月1日、新たに7基の石炭火力を止めました。

でも脱原発、脱石炭を続ければ、待ち受けているのは脱産業です。実際、ドイツの解雇の波は半端ではありません。

2025年以降、予定されている解雇者数は、フォルクスワーゲンが2万3000人、アウディが4500人、テスラが3000人、フォードが2900人、そして、自動車部品のグローバル企業であるZFが1万2000人、同じく世界的な自動車部品メーカーのコンティネンタルが1万3000人、ボッシュが3760人と、目を覆いたくなるような惨状です。しかもこれらは、ドイツ国内の工場だけの話です。

これら産業不振の一番の原因は、エネルギー価格の高騰ですが、それをもたらしている脱原発と脱石炭は誰に強制されたわけでもなく、ドイツが自発的にやっていることです。また、ロシアガスのボイコットも、EUがロシアにかけている経済制裁の一環ですから、やはりホームメイドといえます。本来なら、ノルドストリームの修繕という選択肢だってあるわけです。パイプラインはロシアとドイツの財産ですからね。

山口：EVの販売が減少したこともあるでしょうね。欧州の2024年5月の新車販売が3％減の約91万台で、EVは12・0％減の約11万4000台との発表がありました（2024年6月、欧州自動車工業会）。原因はドイツなどでEVの購入時の補助金制度が打ち切りになったからとのことです。この制度はフランスではまだ続行中です。先日、タクシーに乗ったらフランスでは滅多に見かけることのないアメ車でした。しかもEV車。「政府の補助で買った」と言ってました。ちなみにパリのタクシーは以前は頑丈なベンツ、次が燃費のよいハイブリッドのトヨタ車が人気でした。

EUのロシア依存は「20分の1に低下」

川口：ずっと補助金を出し続けなければ売れない商品など、いわば自由市場の癌です。なお、前述のノルドストリームの破壊ですが、当初からアメリカの関与が疑われていました。しかし、ドイツ政府は「一意専心で調査に励んでいる」と言っただけで、その後はほとんど梨のつぶて。

ノルドストリームには「1」と「2」があり、それぞれパイプラインが2本ずつ敷設されているので、計4本あります。どれも、水深80メートルぐらいのところにある極めて頑丈なパイプです。その4本のうちの3本が次々に爆破されたのですから、これにはかなり綿密な計画と資金が必要でしょう。しかも、正確な位置は秘密になっています。そのことからだけでも、おそらくどこかの国の諜報機関が噛んでいることは間違いないと言われています。

いずれにせよ、このようなドイツの重要インフラに対する攻撃は、ドイツへの宣戦布告のようなものです。それなのにドイツ政府は、「女性一人を含めた5人が、ヨットで現場に行って、潜水で破壊工作をした」などと主張しています。それどころかショルツ首相によれば、「アメリカがやったというウワサがあるが、そんな証拠はない」そうで、この米国に対する弱腰は、日本と共通するところがあります。

山口：その点、フランスはアメリカの存在を気にしながらも、独立を保っています。

ＥＵの影響でいうと、ロシアはすでに２０２１年末から２０２２年初頭にかけて、ウクライナ侵攻を前提として西側に圧力をかけるために、ポーランドとベラルーシの間のパイプラインを停止しました。このとき、西側、特にＥＵは対策をすでに講じています。その一つがロシアからの天然ガスの輸入の代わりにアメリカからの液化天然ガスを輸入するというものです。

２０２１年から２０２２年にかけて、ＥＵの米国からの輸入量は2倍になりました。ウクライナ戦争中の２０２３年第三四半期にはＥＵへの天然ガスの輸入は米国からが23％、アルジェリアからが19％、ノルウェーからが18％で、ロシアは第4位の15％（パイプラインが8％、液化7％）に減少しました。ロシアからの輸入が続いたのは前述したように、輸送のためのパイプラインがウクライナを経由しており、管理しているウクライナがロシアと5年契約を結んでいたからです。天然ガスに関しては２０２２〜２０２３年の1年間でフランスではロシアからの輸入が11・7％、イタリアでは10％に減少しました。

石油に関してもＥＵは米国、ノルウェー、サウジアラビアからの輸入に舵を切りました。またブラジルなど、従来は輸入国としてまったく未知の存在だった国からの輸入も選択肢に加えられました。

フランスは２０２１年から２０２２年の間にすでにロシアからの輸入を減らし、アンゴラやクウェート、米国からの輸入に切り替えています。その結果、輸入比率はアンゴラからが570％増、クウェートからが150％増、米国からが28％増になりました。

2022年当時、EU全体ではエネルギー消費量の5分の1がロシアからの輸入だったのに対し、「現在（2024年2月）は20分の1に減った」とウルズラ・フォン・デア・ライエン欧州委員会委員長が上機嫌で報告していました。

ただ、27カ国のEU加盟各国ではロシア産のエネルギー源の輸入量には差があります。したがって影響の程度にも差があります。また、トランプ新米大統領の関税問題の発言で、米国からの輸入がどうなるのか。これは大きな不安材料です。

川口：フォン・デア・ライエンの言うことは、私は信用していません。だいたいEUの多くの国は、ロシアのガスもよその国を介して、まだたくさん買っていると思います。ドイツなど、自分たちのかけた制裁を回避するのに必死です。

1F事故をめぐるフランスとドイツの明暗

山口：フランスがロシアからのエネルギー源の輸入が少ないのは、原発からの電力の供給が大半だからです。

フランスのエネルギー源の現状を見ると、
●原発　73・70％
●水力　8・04％
●その他の再生エネルギー　5・23％
●石油　0・42％
●天然ガス　7・38％
●石炭　0・2％
●その他の化石燃料　0・03％
です（2024年12月現在）。

かくして、7割以上を原発が賄っています。換言すれば、フランスは原発問題には非常に敏感だ、ということです。

川口：ドイツは1F事故のあと、メルケル首相が、議会にも問わず、突然、脱原発の時期を早めました。ちなみにメルケル氏の得意技は、自分の通したい法案などで、法律的に瑕疵《かし》のありそうな場合、その決定が専門家の意見であるような形をつくることで、このときは、急遽、「倫理委員会」を招集しました。ところが、そのメンバーに電力会社の代表やエネルギーの専門家は入っておらず、聖職者や社会学者など、科学的視点を欠いた人たちが勢ぞろいしていました。そもそも、エネルギーは科学であり、倫理ではないでしょう。

しかも音頭をとったのが、長年、国連環境計画の事務局長を務めていた環境問題の大御所、クラウス・テプファーだったので、結論ありきの委員会であったことがわかります。このテプファーを引っ張ってきたのもメルケル首相でした。

蛇足になりますが、その7年後の2018年に、脱石炭について審議するために招集された「成長・構造改革・雇用委員会」（通称・石炭委員会）では、さすがに聖職者はいなくなっていたものの、その代わりに今度は、環境NGOのメンバーがたくさん座っていました。選挙で選ばれたわけでもない活動家たちが、国民の命綱であるエネルギーに関する大事な政策決定に、口を出せるとは奇妙なことです。しかも、脱石炭を審議する会議なのに、石炭輸入組合の代表は傍聴することさえ叶わなかったのです。

そもそもドイツは伝統的に石炭をベースに発展してきた国です。長年続いたこの産業構造を、突然トップダウンで終了させるのは、ものすごく無謀なことです。

山口：フランスでは1F事故から1年後の2012年5月に大統領選挙（直接選挙、2回投票制）が実施されました。このとき、「原発大国フランス」として、「初めて大統領選で、原発問題が取り上げられた」（長年大統領選を取材してきた『ルモンド』の政治部記者）とニュース

フランソワ・オランド
（フランス24代大統領）

ニコラ・サルコジ
（フランス23代大統領）

になりました。

社会党の公認候補フランソワ・オランドは原発による電気量を75％（当時）から50％に削減し、原発も17基から24基を廃止すると公約しました。対抗馬の現役大統領で右派政党・国民運動連合の公認候補ニコラ・サルコジは「原発推進」でした。

オランドが当選しましたが、原発の削減問題は得票とは無関係。決選投票直前のオランドとサルコジによるＴＶ討論でも原発問題はなし。原発問題が争点にならなかったのは、２人とも、そして仏国民も「原発は必要」との認識では一致していたからだと思います。ただ、オランド政権時代（２０１２〜２０１７年）に公約どおり、原発を何基か停止させました。ドイツとの国境に近いライン川沿いにある１９７０年代に建造された最古のフェッサンエイムの原発施設（原子炉２基）の廃止も決定しました。「脱原発」の政策をとるドイツからの強い要請に応じたこともあります。実際に廃止になったのはマクロン政権時代の2020年でした。したがってフランスの原子炉数は56基です（2024年12月現在）。

現状は56基中、38基が100％稼働、17基が一部的に稼働（主としてメンテナンスや故障の修理で稼働を一時的に停止）、1基が完全に停止中です（2024年3月現在）。

ちなみに、2023年12月にドバイで開催された「国連気候変動会議・COP28」の報告では、EUの電力のうち、4分の1が原発で、その大半がフランス産の原子炉電力で賄われています。EU27カ国のうち13カ国で103基の原子炉が稼働しています。

フランスでは〝第3世代の原発〟が稼働

山口：フランスでは北西部フラマンビルに建設した第3世代の原発と言われる新型炉の「欧州加圧水型炉（EPR）」が2024年に稼働を開始しました。マクロン大統領は稼働に際し、Xでその目的について、「原子力と再生可能エネルギーを組み合わせることで気候変動対策の目的を達成し、電力コストを削減することだ」と説明しました。

「EPR」は1991年に独シーメンスと仏アレバによって計画がスタート。従来型の旧式原発に代わる「新型原子炉」として2004年10月には建造用地として仏北部ノルマンディー地方フラマンビル（人口1724人、2024年現在）が選定され、2000年から2006年にかけて技術的テストが実施されました。2007年秋には建造工事が開始しましたが、遅れに遅れ、当初の稼働予定の2012年から12年遅れの2024年9月に稼働を開始しました。

12年間の遅れで、所有者のフランス電力公社（EDF、株を80％以上所有。三菱重工も19・5％の株を所有）によると、総工費は132億ユーロ（2024年5月現在換算で約2兆1000億円）と当初予算の33億ユーロの4倍にも膨れ上がり、仏メディアからは〝呪われた原発〟と呼ばれました。

フランス、フラマンビルの原子力発電所

EDFによると、出力は165万キロワットで最新の従来型原発の22％増と強力です。放射性燃料の廃棄物も従来より15～30％削減されるそうです。

稼働が当初計画から12年も遅れたのは、設計上の不備や工事の欠陥に加えて、テロやミサイル攻撃に耐えられる覆い壁の補強改善問題などで、「原発のお目付け役」と言われるフランス原子力安全局（ASN）が何度もダメ出しを出したからです。

EDFは原発施設地のノルマンディー地方と契約し、稼働時には300万ユーロの支援金を支払うことを決めています。

マクロン大統領は2022年5月の大統領選で再選を目指すキャンペーン中の2022年2月10日に「EPR」の改良型、「EPR2」6基の建造を表明しました。さらに8基建造の可能性にも言及しました。つまり、計14基の建造になります。6基の建造は2028年から開始して2035年の稼働を予定しています。

6基の予算は当初517億ユーロ（約8兆7000億円）でしたが、2024年4月現在で674億ユーロ（約10兆8000億円）。大型規格の予算はEUの認可が必要ですが、仏メディアによると「EUは多分、承認する」と伝えています。

エマニュエル・マクロン
（フランス25代大統領）

マクロン大統領はこのとき、小型モジュラール型原子炉（SMR）の研究に5億ユーロ（約8000億円）を投じることも公約しました。

川口：ドイツとは対照的です。緑の党や社民党は、原発を悪魔化してすでに久しいので論外。一方、CDU（ドイツキリスト教民主同盟）は、原発再稼働などと言ったら票が減るのではないかとビクビクし

アンゲラ・メルケル

ています。しかも、自分たちの党首であったメルケル首相が脱原発の権化のように言われているので、なおさら言いにくい。「ドイツが産業国であり続けたければ原発が必要」とはっきり言い切っているのは、ＡｆＤ（ドイツのための選択肢）だけです。

山口：もっともマクロン大統領は２０５０年には原発による電力は40％とし、風力や太陽熱など再生可能なエネルギーの増強を目指すとも公約しています。

川口：そういう現実的な目標ならいいのですが、ドイツは「再エネ１００％、２０４５年で脱炭素」ですから、どれも絵に描いた餅になりそうです。

ヨーロッパでは「原子力回帰」が活発化

山口：１Ｆ事故後、「脱原発」を選択したイタリアは、ジョルジャ・メローニ首相（２０２２年に首相に就任）が所属する右派政党「イタリアの同胞」と「同盟」「フォルツァ・イタリア」

の3党は2023年5月に「原発の活用を検討する動議」を提出し、可決されました。

これを受けて、メローニ政権はイタリアの原発の再稼働に向け、2025年初頭には原子力法案を議会に提出しました。イタリアの右派政権は選挙公約で再稼働を表明してきました。

イタリアは世界に先駆けて、チェルノブイリ原発事故1年後の1987年に「脱原発」を宣言しました。1990年までに国内の全4基の原発をすべて閉鎖し、電力の約15%は輸入していましたが、撤回したかっこうです。

川口：原子力発電6基が稼働中で発電電力量の31%を賄っているスウェーデンでは、2022年10月に発足した新政権が、新しい原発の建設や、閉鎖した原発の再稼働を推進する方針を示しています。

ベルギーも2025年までの脱原発達成計画を撤回し、最新の2基の原発の運転を10年延長することを決定。オランダは2035年までに原発2基を新設の予定です。

フィンランドでも2023年12月、5基目の原発が運転を開始。それどころか、オルキルオト1、2号機については運転期間を70年にするか検討しています。どこもかしこも原発推進で、日本の消極的な態度とは大違いです。

山口：フィンランドの原発のうちの1基がEPR（2023年6月から稼働）です。中国（台山地方）でもEPR4基（2基は2018、2019年から）が稼働中。本家のフランスより先にフィンランドと中国で稼働を開始したわけです。

また、イギリスでもＥＰＲ４基の建造計画があります。２基は英南部ヒンクリーポイントで建造中です。あとの2基は同じ南部シーゼウエルでの建造を計画しています。

イギリスでは12基の原発が運転中で、発電電力量の15％を賄っています（２０２１年）。２０２２年４月に「エネルギー安定供給に向けた中期戦略」が発表され、今後10年までに最大８基の原子炉を新設し、２０５０年までに電力需要の最大25％を賄うことを目指します。この８基のうちの４基がＥＰＲとみられます。また、新設を支援するための組織として「大英原子力推進機関」を設立しました。

東欧は「原発ルネッサンス」

川口：東欧では、「原発ルネッサンス」とも言える事態が進み始めています。すでに総電力のうち、ほぼ半分を原子力で発電している国も多く、これからまだ増設、あるいは、新規参入が増える予定です。

チェコでは、今、原発のある場所で、さらに原子炉を増やす予定です。将来は、電力の60％を原子力にすると言っています。

一方、新規参入がポーランド。2033年に初めて原発が稼働する予定です。2040年までに合計6基が建設されます。2024年11月には、東芝や日立製作所、IHIなどの日本企業と、技術協力についての覚書を交わしています。

ハンガリーは、総電力のほぼ半分を原子力で賄っている原発大国ですが、既存の原発を巨額の資金をかけてリニューアルしていく予定で、原発電気の割合が、将来、さらに増えます。ハンガリーはEUの一国でありながら、ロシア、中国の両方と良い関係を築いています。一番仲が悪いのは、EUの欧州委員会ですね（笑）。

スロバキアも、旧ソ連の衛星国であった時代より原発大国。ソ連が崩壊し、EUに加盟したあと、EUの安全基準に合致しなかった原発2基を止めなければなりませんでしたが、その他の原発は稼働し続けています。原発の割合は、フランスとウクライナに次いで、世界で3番目に大きい。

ルーマニアも増設の真っ最中。投資しているのが、CGN（中国広核集団）です。

蛇足ながら、中国は原発だけでなく、世界各国にこれから300もの火力発電所を建てると言ってます。顧客は、トルコ、バングラデシュ、ベトナム、エジプト、インドネシア、フィリピンと、アジアを席巻。ドイツや日本が、火力発電はCO_2を出すからとブレーキをかけている間に、世界は原発も、火力も、風力も、太陽光も、みるみるうちに中国の独壇場となりつつあります。

東欧では、全体から見ると、現在はまだ、発電の多くを石炭に頼っていますが、将来、CO_2の削減のために、石炭火力は止めていかなければなりません。だからといって、ロシア産のガスへの依存も増やしたくない。東欧の国々は、ロシアに対しては常に警戒的です。これが、原発を求める大きなモチベーションとなっているようです。

東欧の国々にとって、エネルギーの自立は、すなわちロシアからの自立です。東欧が、老朽化したソ連時代の原発を後生大事に稼働させている時代は終わりつつある、ということです。

なお、これらの国々では、再生可能エネルギーは、あまり話題になっていません。大切でないと考えているわけではないのでしょうが、優先順位が違うのです。まずは、エネルギーの安全確保。それをおろそかにしたら、国家の安全保障自体が危機に瀕する。国が弱ったら、自然環境も人権も守れないというのが彼らの考えです。

ドイツとは地理的には近いのに、ドイツの人々との考え方には、月とスッポンほどの違いがある。現実優先ということでは、日本も見習うべきでしょう。

ウクライナに寛大なフランスとドイツ

山口：ウクライナ戦争の影響は、マクロン政権にとってエネルギー源の問題もさることながら外交問題であり政治問題です。

マクロン大統領は「我々ヨーロッパのロシアとウクライナ」と常に言っているように、ウクライナもロシアも「同じヨーロッパ大陸」にあり、ウクライナ人もロシア人も、フランス人同様に「ヨーロッパ人」です。この認識はフランス国民の一般的認識です。

パリとキーウ間は約2500キロありますが、女性（男性は兵役に従事）が子供の手を引いて（途中輸送手段を利用しても）、基本的に徒歩でやって来られます。つまり陸続きです。この感覚が米国や日本とは異なると思います。

川口：ウクライナに対してはドイツも同様です。ウクライナ人は他の難民とは違い、難民申請をする必要はなく、ドイツに入国すれば自動的に、1年間の滞在ビザをもらえました。

しかも、難民扱いではなく、暫定的な準市民権付きです。

今では戦争が長引いていますから、滞在ビザも延長されており、そのうち、ダラダラと永住ビザに切り替わるのではないかと思います。中東やアフリカの難民とはかなり扱いが違うため、

「白人だからひいきしている」という声さえ上がっています。まんざら嘘ともいえません。

中東大混乱、トランプ2・0の余波

山口：ウクライナ戦争の終結に向けては、当然ながらフランスの政権も国民も早期終結を願っています。戦時下のウクライナ人の窮状、惨状は同じヨーロッパ大陸の人間として無視できないからです。フランス人にとってウクライナ戦争は人道問題でもあります。

川口：中東からの影響はいかがですか？

山口：ガザの戦闘及びイスラエルとアラブ側との紛争のエネルギーへの影響はまだあまり出ていません。EUへのエネルギー源の輸出国であるアルジェリアやサウジアラビアが直接関与していなかったこともあると思います。停戦が合意され、この地域に強い影響力と関心がある米国に、トランプ大統領が登場したことによる今後の影響はまだ不透明です。しかし、イスラエルは周囲のアラブ諸国がすべて産油国である中東のなかで唯一、エネルギー源が皆無の国です。こうした地理的条件が今後、どう影響、反映するかは興味ある問題です。

中東の原油価格が高騰すれば、石油、つまり日常生活に密着しているガソリンの値上げにつながります。

ただ、中東ではないが、2023年7月の西アフリカのニジェールの軍事クーデターはEUにとって重大関心事でした。ニジェールのウランはEU最大の原発燃料の供給元だからです。旧宗主国フランスがウランの鉱山開発を通してニジェール経済に権益を維持してきたことが反仏感情になり、クーデターの要因の一つとなりました。当時、西アフリカで勇名を馳せていたロシアの民間軍事組織「ワグネル」が影響力を広げ、反仏感情をあおっていたこともあります。

クーデター後、権力を掌握した軍政府は、テロ対策名目で同国に駐留していた仏軍、米軍を撤退させました。仏情報筋によると、フランスの世界的原子力企業オラノ（アレバの再編）が開発していたイモーラレン鉱山の権益をロシアの国営原子力企業ロスアトムが狙っているそうです。オラノによると同鉱山の埋蔵量は17万トン以上。

ニジェールはウラン産出で世界5位。EUでは2021年のウラン供給の24％がニジェールからです。ちなみにこれに続く2位はカザフスタン(23％)、ロシアが3位(20％)です(2023年、経済開発協力機構＝OECD)。

どうなるトランプ再選後のエネルギー政策

川口：トランプ大統領再選をフランスはどう見ていますか？　ウクライナ戦争を終結させるとトランプ氏は公言しています。ドイツは政治家も主要メディアも大のトランプ嫌いが揃っており、いまだにトランプの悪口を言い続けています。だから、トランプ氏が戦争を終わらせることができなければ、「それ見たことか、大ほら吹き」と笑ってやろうと、手ぐすね引いて待っているような感じです。そこら辺も日本と非常に似ていますが、フランスではいかがですか？

山口：フランスのメディアもトランプさん嫌いですね。トランプさんの1月20日の就任式の翌日、演説を引用しながら、主要紙『ルモンド』は「攻撃的」、左派系の『リベラシオン』は「世紀の破壊」など軒並み、悪評というか、それこそ攻撃的でした。トランプさんの「米国ファースト」、つまり、第二次世界大戦後の「国連」を中心にした多極主義を明確に否定した内容に戦々恐々でした。多極主義の否定は具体的には「パリ協定」や「世界保健機関（WHO）」からの離脱ですから。右派系『フィガロ』が発表した世論調査でも、「攻撃的83％」「危険76％」「人種差別者73％」「不正直79％」「親しみ易くない80％」とさんざんな結果でした。一方で「効率的48％」と肯定的な数字もあります。

炎上したノートルダム大聖堂が2024年12月7日に5年半ぶりに再建された式典にトランプさんもウクライナのゼレンスキーも出席しました。このとき、マクロンを交えて3人でエリゼ宮（仏大統領府）で会談しています。正式な会見などはなしでしたが、当然ながら停戦に関して協議したとみられています。いずれにしても、バイデン政権のようにウクライナ支援一辺倒ではなくなりそうですね。トランプさんはウクライナの豊富なレアアースに強い関心がある、と伝えられていますしね。

トランプ政権の実態はまだよく見えません。閣僚の手腕やイーロン・マスクの影響力がどの程度か。フランスとしては、マスクが欧州の極右政党に秋波を送っているのも懸念材料です。

川口：マスク氏が「AfDだけがドイツを救える」と言っているのは、その他の党はどれも所詮、現状維持が目的だからです。だから、彼らは反対意見を封じるために、卑劣な方法で言論を抑圧し、AfDのことも全力で潰そうとしています。マスク氏は言論の自由は民主主義の基礎であり、絶対に守らなければならないと思っているから、Twitterを買収したのでしょう。AfD支持に回ったのも、その信念に基づくものだと思います。また、AfDが極右だとは、私は思っていません。

山口：トランプさんのグリーンランドへの野心がどこにあるのか？　豊富な資源が狙いであることに加えて、欧州にくさびを打ち込むための対露戦略（地政学的戦略）なのか。故障続きのパナマ運河を回避して北海路を開拓するための布石なのかなども懸念されています。

トランプ政権発足前に、バイデン政権は対露圧力を強化するために、ロシアへの追加制裁を発表しましたね(2025年1月11日)。ロシアが石油輸出で制裁逃れに使っている「影の船団」などが対象です。ロシアの原油取引に打撃を与えるのが狙いです。

米国は2024年11月にも対露制裁強化で、露ガス大手ガスプロム系列のガスプロムバンクをはじめ複数の金融機関の取引を制限しています。トランプ大統領はプーチン大統領との対話に意欲を示しています（2025年1月現在）。今後の両者の会談の行方に注目ですね。トランプさんは「ソ連（ロシア）が第二次世界大戦中に（米英豪らの連合軍側の同盟国として）果たした役割を忘れるな」とも言っています。ナチスのアウシュヴィッツ強制収容所を解放したのはソ連の赤軍ですからね。トランプさんは、ソ連は6000万人を犠牲にしたとも言っています。

ちなみにマクロンとゼレンスキーは同年代。ゼレンスキーはロシアが侵攻した日、最初にマクロンに電話して、「エマニュエル、彼らがやって来た」と不安を訴えています。マクロンは「ロシア軍がキーウにやって来たら、即、フランス大使館に逃げ込め」と助言、フランスがウクライナ側であることを表明しました。

ただ、一方でマクロンはプーチンとも侵攻前後に何度も会ったり、電話で戦争回避や早期終結を模索したりしています。序章で述べたように、フランスは歴史的に〝仇敵ドイツ〟を挟んでいるのでロシアとは軍事的、政治的、文化的にも近い関係です。
ドゴール将軍をはじめ、シラク、サルコジ、そしてマクロンら代々の大統領は「ロシアを侮辱するな」と言っています。トルストイは『戦争と平和』の平和の部分をフランス語で書いています。帝政時代のロシアの貴族階級が仏語で話していたからです。シラクの少年時代の家庭教師はロシア系だったので、彼の愛読書の一つはプーシキンです。
日本人として驚いたのは私が1970年代に初めてフランスへ留学したとき、フランス人の同級生、つまり若い人たちが日露戦争に対してものすごく詳しかったことです。バルチック艦隊がどうとか、乃木希典《のぎまれすけ》がどうとか、日露の戦艦の位置や戦闘ぶりを図に描いて説明してくれました。私が知らないことばかりでした。私は中・高校とミッションスクールに通ったのですが、〝平和日本〟の学校では日露戦争のことなど詳しく教えてはくれませんでしたから。

川口：エネルギーに関してはどうですか？　トランプ大統領は、これまで採掘にブレーキがかかっていたシェールオイルやシェールガスなど、「せっかくある化石燃料はガンガン掘れ！」と言っているようですね。トランプ大統領をはじめ、共和党の政治家は、そもそも脱炭素で温暖化が防げるなんて思っていません。それどころか、温暖化さえ信じていないでしょう。

山口：フランスは日本同様、化石燃料の資源がありません。トランプさんのように、「掘って掘って掘りまくれ」ということが幸か不幸か不可能です。フランスは引き続き、温暖化対策としての再エネと新型原発を含めた原発によるエネルギー政策が中心になるでしょう。マクロンは2017年5月の大統領選で勝利した翌年の2018年1月7日に、フランスの「エネルギーと気候」に関する「低炭素国家戦略（SNBC）」と「エネルギー複数年計画（PPE）」の二大政策を発表しました。この発表のあとにコロナ禍が始まりましたが、「地球温暖化は待ってくれない」というわけで、実施に着手しました。「SNBC」では、「2030年までに炭素エネルギーの廃止」や「排気ガスの画期的削減」を目標にし、目標達成に向けての詳細な行動計画を規定しています。

マクロンは2025年1月6日にエリゼ宮で大使会議に集まった各国駐在の仏大使約400人やメディアを前に、フランスの基本外交などについて1時間半以上演説しましたが、そのなかで、環境問題にも言及し、「なるべく早く、炭素燃料から脱却する」と言明しました。トランプさんは第一次政権に次いで、第二次政権でも地球温暖化に対する詳細を決めた「パリ協定」からの脱退を宣言しましたが、フランスとしては、予測していたとはいえ、ショックだと思います。「パリ協定」が締結された2015年の「COP（国連気象変動会議）21」はフランスが開催国で、首都の名が冠されているので、フランスとしては一種のメンツみたいなものもあって、重要視していると思います。

第2章

「リスクゼロ」が日本の
エネルギー政策の〝最大のリスク〟

ウクライナ戦争で頓挫した日本のエネルギー多角化

――ウクライナ及び中東の大混乱は日本をも直撃している。

日本にとってウクライナ戦争の教訓は他国にエネルギーを依存しすぎることの巨大リスクだ。特に、ロシア依存が大きかったドイツの経済は、大打撃を受けている。

日本は、原油の9割を中東に頼るという中東依存を軽減させるため、輸入先の多角化としてロシアとの関係を強化してきた。

ウクライナ戦争前の2020年、日本のロシア依存度は、天然ガス約9%、石油約4%、石炭約11%。

しかし、欧米のロシア制裁に日本も加わったことにより、それが頓挫した。

川口：日本が原油輸入先の多角化を図るようになったのは、1973年、1979年と二度の石油危機の教訓からです。当時、石油が来なくなったら日本がどうなるかということを、産業界も国民も深く思い知らされました。そこで、中国やインドネシアなどといった非中東地域からの原油輸入を増やす努力がなされ、1987年度には中東依存度は7割を切りました。しかしその後、中国や東南アジア諸国が自分たちで原油を多く消費するようになったため、日本では中東依存度が再び上昇。２００９年度にはほぼ9割に達してしまいました。そこで、２０１０年代からは、今度はサハリンや東シベリアといったロシアからの原油輸入を増やし、中東依存を抑える努力をしてきたわけです。

対ロシアとの関係を示すのが、サハリン１・2プロジェクトでした。サハリン１は原油、サハリン2はＬＮＧ（液化天然ガス）の開発が目的で、日本政府、ロシアの国営企業、その他、グローバルな石油大手、日本の商社などが投資している大プロジェクトです。

ロシアのプリゴロドノエ港でサハリン２プロジェクトからの液化天然ガスを積み込む ©AP/アフロ

サハリンは日本との距離が非常に近く、輸送日数はたった3日。しかも、アジアのマラッカ海峡や中東のホルムズ海峡といった、いわゆる「チョークポイント」を通過する必要がないことから、中東航路などに比べるとはるかに安全で、安定していて、輸送コストも抜群に安い。

２０２１年、日本はＬＮＧの約９％をロシアから輸入していましたが、そのうちのほぼ半分がこのサハリン2からのものでした。つまり、日本にとってはメリットの多いプロジェクトです。

ところが2022年2月にウクライナ戦争が勃発し、その後、米国やEUは対ロシアへの経済制裁として、サハリンプロジェクトから次々に撤退してしまいました。彼らは当然、日本にも撤退を迫りました。

ところが、いつもなら欧米に逆らわない日本が、これだけは譲らず、いまだに現状を維持しています。仮に日本が撤退すればみすみす中国に権益を譲り渡すことになるだけで、はっきりいってロシアは困りませんから、制裁としては無意味です。一方、日本にとっては、エネルギー安全保障の観点からも、経済効果の観点からも巨大な損失になります。つまり、日本政府にしては珍しく、国益を考えた賢明な決断だったわけです。

そもそも、日本は地政学的状況も、エネルギー的状況も、欧米とは全然違うのですから、できないことはできないと丁寧に説明すればいい。欧米の尻馬に乗っても、いざ、困ったときには誰も助けてくれず、弱体化した日本の不動産や企業を、〝列強〟が根こそぎ買いにくるだけです。

サハリン1もサハリン2も、日本の命運がかかっている重要案件なのですから、維持か撤退かを日本人が決めるのは独立国ならば当然のことでしょう。

さて、その現状ですが、2022年8月にサハリン2、同年10月にサハリン1の新会社が設立され、新規まき直し。サハリン1・2に参画していた日本企業は、改めて新会社への参画を申請し、それをロシア政府が承認しました。

原発へ複雑な感情を持つ欧州の国民と「リスクゼロ」を求める日本人

山口：ヨーロッパの主要各国の国民の一般的な「原発」に関する認識はどうなのか。これについて1F事故の4カ月後にフランスの世論調査会社IFOPが欧州の主要5カ国で実施した調査があります。

フランスでは「原発賛成」が32％、「反対」が20％、「賛否どちらとも明確に表明できない躊《ちゅう》躇《ちょ》派」が37％と最多でした。

イギリスは賛成32、反対21、躊躇34とこれまた躊躇が最多。ドイツは賛成17、反対55、躊躇23。イタリアは賛成20、反対58、躊躇19。スペインは賛成27、反対28、躊躇38。「原発推進派」は5カ国のなかでフランスとイギリスの2国ですが、5カ国とも「躊躇」がかなり高率。この辺りに、事故のリスク問題はもとより、経済問題や環境問題、技術問題、さらに隣国との競争問題とも密接にからんだ原発問題の複雑さが示されています。

この調査が「福島の事故」直後だったことと、「原発問題」は、善か悪か、白か黒かでは簡単に説明も解決もできない、との思いが、この「躊躇」を選ばせたのでしょう。

「1F事故」から10年以上経った現在は、「原発」に関する意識も変わったと思います。ただ、

爆発後の３号機原子炉建屋の外観（2011年3月15日撮影）
出典：資源エネルギー庁ウェブサイト

最近の調査を探したのですが、フランスでは「原発」に関する関心が総じて低い、つまり基本的に賛成、承認しているせいか、実施されていません。

川口：本来、物事を善か悪か、白か黒かではっきり決めることはできないし、決めないほうがいいという志向が強いのが日本人です。それなのに、こと原発になると〝脱原発〟のような極端な意見に流れてしまう。

　序章ではリスクについて少し触れましたが、リスクマネージメントとは何か。それは、リスクをゼロにすることではなく、リスクがあるということを前提に、ありとあらゆるリスクに対して、事前に対策を立てることです。

　もちろん、リスクを限りなく少なくするための努力はする。しかし、出発点はあくまでも、どんなに努力をしても、リスクはゼロにはできないという認識でしょう。つまり、重箱の隅をつついたらやっと出てくるほどの小さなリスクが、あらゆる悪い偶然の助けにより、雪だるま式に膨らみ、最悪の経過をたどるという状況を想定する。そして、どうすれば、そのようなリスクに迅速に気づき、被害を最小限で食い止め、再び正常な状態に戻すことができるかを考えるのが、リスクマネージメントなのです。

日本人は、リスクというとまず自然災害が頭に浮かぶ。たとえば、地震のリスクをゼロにすることは不可能です。だから、起こることを前提に対策を考える。そして、実際にそれは成功していて、日本の耐震技術は抜群です。3・11のときは、走行中の東北新幹線が、最初の揺れの9秒前、もっとも大きい揺れが起きる1分10秒前に自動的に減速を始め、次々と無事に停止しました。

しかも、あれだけの揺れにもかかわらず、高層ビルも壊れず、橋も高速道路も落ちてこなかった。世界のあちこちで、地震のたびに家屋が軒並み崩壊し、その下敷きになって人が亡くなっているのとは大違いです。

ただ、私たちは、そこまで努力をしても、地震のリスクをゼロにはできないということも十分に理解しています。

ところが、人為的なミスに関しては自然災害とは違い、「あってはならない」が先に立って、ゼロにできるような錯覚をいだいてしまう。日本人の職人気質や技術へのある種の信仰でしょうか。日本人の完璧主義が災いしているのかもしれません。

しかし、自然界にリスクが存在するのと同じように、すべての技術にはリスクが存在します。

そのリスクを恐れていると、飛行機は飛ばせないし、医学は進歩しません。

3・11のときは、津波に対する備えが盤石ではなかった。それが原発の事故を引き起こしました。これは悔やんでも悔やみきれませんが、震災後、快調に動いていたすべての原発を停止してしまったのは、情緒に流された〝非科学的な決断〟でした。そして、それが今も日本の国益を重篤《じゅうとく》に損ねています。

検証なしの無謀な〝脱原発〟

山口：日本の場合は、前述のように、「原発事故はゼロ」という非現実的な前提に基づいて「原発建設」が実施されたわけですが、「なぜ、原発が必要なのか」そして、「なぜ事故ゼロなのか」を懇切丁寧に説明した国民向けの文書などは存在するのでしょうか。これはメディアの一員として自戒を込めて言うのですが、国民もメディアを含めて、「事故ゼロ」を信じて、「なぜゼロなのか」を深く追求してこなかったように思えます。
死者1人を出した1999年の東海村JCO臨界事故後に日本の原発関係者が訪仏したとき、「フランスではチェルノブイリ原発事故（1986年）の教訓として、放射能の影響で近隣の住民に甲状腺ガンが多発した事実を踏まえて、原発の周辺住民にはヨウ素剤が配布されているが、日本ではどうなのか」と質問したのですが、「そんなこと（原発事故の可能性が前提）をしたら、原発は1基も建てられません」と突っぱねられました。

川口：それはものすごく日本的な感覚です。「事故？ 縁起が悪い」。あるいは「そんな危ないものを建てるな」。日本人として、その感覚は非常によくわかりますが、でも、それではいけない。

山口：「1F事故」では「事故ゼロ」のはずが、「重大な事故」が発生した結果、「裏切られた」との感情が加わり、事故をいっそう、悲劇的にした面もあるでしょう。

それと同じように、「脱原発」も熟考しないまま唱えられました。

当時の菅直人《かんなおと》首相は福島事故から4カ月後の7月の首相官邸での会見で、「原発に依存しない社会を目指すべきだと考えるに至った。計画的、段階的に原発依存度を下げ、将来は原発がなくてもやっていける社会を実現していく」と述べ、日本国として「脱原発」を目指す考えを明らかにしましたが、会見では現存の原発の今後や代替エネルギーでどう賄うのか、「脱原発」に伴う出費を含めた経済面での対策など具体的なプロセスなどには一切、言及していません。

しかし、メディアも国民もそれには疑問を持たずに脱原発路線に流されました。

川口：そこだけはドイツ人そっくり！

原発推進の意義を徹底的に国民に説明したフランス

山口：この点もフランスが参考になります。フランスは原発推進に向け徹底的に国民に説明しているからです。

ジスカールデスタン政権（1974〜1981年）の産業・研究相ミシェル・ドルナノが起草した「ドルナノ報告（「オルナノ報告」とも呼ばれる。名前に貴族の称号の「ド」が付くので、この「ド」を入れた場合と入れない場合がある）は1974年11月15日に発表された原発建設の設立に関する報告書に添えられたものですが、フランスの原発政策の基本を決めた歴史的な「文書」と言われています。

冒頭で、「フランスは現在、地理的及び自然資源の不足という状況を背景に、消費エネルギーの67％を石油に依存している」と述べ、フランスの消費エネルギーがいかに石油、つまり産油国に依存しているかを強調しています。

次いで、「この（石油への）依存の結果は、最近の石油産物価格の高騰によって、ますます深刻になっている」と指摘。そのうえで、「かくて政府は、国民の安全保障と消費エネルギーの価格低減のために、原子力発電所に関する重要な計画を邁進《まいしん》する決定を行った」と「原発」

建設の意義付けを行っています。

さらに、「我々フランス国民の各自の利益につながる、この国家的事業は、全員の賛同のみによって導かれる」とも述べ、国民の理解を訴えると同時に、原発建設場所に関する地域の協力を要請しています。

また、「この（原子力発電所に関する）情報を補足するために、専門家グループが地方及び国家単位で原子力を起源とする電力生産のあらゆる面に関する補足的質問に答えるために形成された」と述べ、原発の専門家集団が組織されるので、疑問や質問があれば自由に行い、満足のいく回答が得られることも強調しています。

このドルナノの冒頭文書に続いて産業研究省が発表したのが、40ページの「報告書」です。

報告書の序文では、「エネルギー供給の満足すべき方法を確保するために、フランスが遭遇する困難は、原子力エネルギーに大幅に依存することによってのみ、中期的に解決する。原子力エネルギーは結局、この時期において唯一、価格や支払いのバランス、供給の保障、そして《国家の独立》という問題への解答をもたらす」と述べ、〝国家の独立〟のために原発を設立するとの意図を再度、明確に強調しています。

政治に責任を持つフランス人、無関心な日本人

川口：今の日本にもドイツにも、この国家の独立という信念がありません。そもそもドイツは、国家の独立とか、国益などという言葉自体が御法度《ごはっと》で、それを主張するAfDが極右としてバッシングされるのですから。だから、寄らば大樹で、EUに寄る。

それから、ちょっとビックリするのは、いくらわかりやすく説明してくれるといっても、かなり複雑な話ではないですか。政府の説明に、フランス国民というのは、そこまで真剣に耳を傾け、国家の独立を考えるのですか？

山口：そうですね。「独立」の概念の基盤ともいえる「自由、平等、博愛」の国是は小学校（フランスは大半が国立）をはじめすべての公立学校や省庁、市庁舎の建物などに、この言葉が掲げられていますし、最近は公人の名刺にも必ず三色旗と一緒に刷られているので、フランス人の頭の中に刷り込まれているわけです。

「報告書」は第1章「中期的、長期的な電気エネルギー計画。需要と供給」、第2章「原子力発電所　構造と安全」、第3章「設置場所の捜査と選択」、そして「結論」で構成され、各章は設問とそれに答える形になっています。誰もが等しく容易に理解できるように配慮したからだ

と思います。実はフランスの識字率は日本のように高くないからです。

設問の前半は、「エネルギーと電力」「なぜ原子力発電所計画か」「いかなる新技術の可能性があるのか」「いかに需要が発展するか」「電力の生産の古典的な方法と原子力発電による方法」「原発の構造の基本的部分」「原発施設の一般的な運営」などとなっており、「原発設立」の意義が列挙され、国民の理解を求めています。

後半は、「安全と放射能保護」「原子力発電所の放射能数値」「基本的な安全と保護」「安全と放射能保護に関する資料」「放射性燃料廃棄物の措置」「原子力発電所の解体」「物理学的影響」「科学経済的影響」「冷却方法」「土地に関する規範」「土地整備に関する規範」「調査と日程の一般的展望」「政府による主要採決事項」「地方と関係機関との協議」など、「安全」に主眼が置かれ、国民の不安解消に努めています。

報告書では、石油産油国の輸入に依存せずに、「エネルギーの独立」を果たすには、「原発」以外にないとの方向性も重ねて強調しています。

特に「安全性」に重点を置いた後半では、「原子力」「放射能（放射線）」という未知の存在に対して、隠すことなく実態を説明しています。つまり、「見ることも嗅ぐことも気づくこともできない」（クロード・アレグレ地球科学者、元国民教育相、２０２５年1月死去）が、被曝した場合には、癌を発症する恐れもある「放射能（放射線）」を内蔵している原子炉が設置される「原発」という得体のしれない、しかも恐ろしげな存在に対し、「事故はありうる」との前提に立って説明していて、この辺がいかにもフランス的現実主義といえます。

そして、万一、事故が発生した場合に備えて、いかに予測、予防し、回避するかも明示し、原発に対する「不安」「脅威」の解消にも努めています。

フランスの場合、原発建設計画の当初から、「事故ゼロはありえない」「事故はある」という現実主義の前提に立ち、事故に備えていたことがわかります。

ところで、フランスは「文書」「契約」の国です。市民は「契約」に先立ち、いかなる「契約」であろうが、だから、いかなる階級の市民だろうが、自分で判断しかねるときは、それなりの能力のある隣人や弁護士などの協力を得て、サインをする前に「文書」を徹底的に読む習慣があります。この「報告書」も原発設置予定地の市民は、特に熟読したはずです。

川口：そこが、特に日本人との決定的な差ですね。日本では、ノンポリだと言って、政治に興味がないことで自分が上に立っているような気になっている人もいます。

山口：フランス人にとっては、「政治」は一種の「趣味」ですからね。

「第7次エネルギー基本計画」は評価できるのか

——2024年12月、日本では「第7次エネルギー基本計画」の原案が発表された。

山口：「第7次エネルギー基本計画」のなかで「1F事故」以降、掲げてきた「原発依存度を可能な限り低限する」との表現を削除し、原発の建て替えを認める方針に転換し、「原発回帰」の姿勢を鮮明にしていますね。

また「2040年度の電源構成暫定値」も公表されました。再エネは4～5割、火力は従来の3～4割程度。原発は2割程度です。

2021年に策定された第6次の基本方針では見送られた「次世代革新炉の開発・設置」と「革新炉への建て替え方針」が加えられました。

この「原発2割」という数字が妥当なのかどうかはわかりませんが、日本政府として原子力を最大限に活用するという方針に踏み切ったことが、きちんと記されている点は評価したいと思います。

一方、米エネルギー省は2023年12月に「世界全体の原発の発電容量を2050年までに3倍に増やす」と宣言しており、日本など22カ国が賛同と発表しています。トランプ新政権でこれらの宣言の扱いがどうなるのか。トランプ大統領は「掘って、掘って掘りまくれ！」と化石燃料の増産を表明していますから。

ちなみにＥＵの欧州議会は２０２２年7月に「地球温暖化対策に貢献するクリーンな経済活動」として原発と天然ガスを認めています。

川口：第7次エネルギー基本計画では、再生可能エネルギーについて、「最優先で取り組む」という文言が削除され、代わって「再エネと原子力を最大限に活用する」となったことは評価したいと思います。

また、核燃料サイクルについても、これを推進するとはっきり明記されました。

柏崎刈羽の原発の再稼働問題

山口：ところで、柏崎刈羽《かしわざきかりわ》の原発の再稼働問題がありますが、どうなるのでしょうか。この問題に関してはフランスのメディアの一部もかなり詳細に報道しています。同原発が世界で最大級なので注目されているわけです。

同原発は東電が２０２４年12月に原子力規制委員会に「２０２５年6月に6号機に核燃料の

柏崎刈羽原子力発電所 ©イメージ・アイ／アフロ

装填《そうてん》を開始する」と報告したのに対し、地元の新潟県などには安全面で不安が広がっているそうですね。東電は安全対策工事や装填前の検査を終了したとのことですが、12年も閉鎖していたので、地元民が再稼働を不安がる気持ちは理解できます。

２０１７年12月に６、７号機とも安全審査に合格し核燃料装填も終わり、再稼働の準備を進めているとのことですが。

また、稼働状態の原発を知らない従業員が増えているとも側聞《そくぶん》します。実際に稼働に従事する運転員約２５０人のうち約90人（３割）が未経験者とか。年間で70日間はシミュレーションで運転の訓練を積んでいるとのことなので、頑張ってもらいたいと思います。

東電は２０２２年９月に安全対策や企業風土など４項目を「万全にする」と誓いましたが、安全対策については、念には念を入れてほしいと願っています。

原発を稼働するかで月々の電気代が3000円も違う

川口：事故を起こした1Fと同じ炉型の東北電力の女川《おながわ》2号機が2024年12月に、中国電力の島根2号機も2025年1月に再稼働し、営業運転を始めたことは、本当によかったと思います。

ただしこれらの炉も含めて、再稼働を果たした炉は14基に留まり、まだ審査中が9基もあります。1F事故の反省から独立性の高い第三者委員会として規制委員会がつくられたわけですが、現在見た限り、あまりに審査に時間がかかりすぎですね。日本がおかれた厳しい国際環境や電気料金の産業に与える影響をも考慮すべきです。

日本に原発を有する電力会社は9社ありますが、原子力を再稼働したエリアとそうでないところでは電気料金の格差が拡大していて、月あたり約3000円も差がついています(2023年6月現在)。年間ではありません、月々です。たとえば、原子力を再稼働し原子力比率が高い関西電力や、九州電力は電気料金が安い。

いうまでもなく電力はエネルギー安全保障の問題であることと同時に、経済安全保障の問題でもあります。

日本には資源がほとんどないという過酷な現実を再確認したうえで、議論をすべきです。エネルギーの自給率がたった12・6%(2024年)しかなく、G7では最下位、OECD36カ国中でも2番目に低い水準です。しかも、その12・6%も、できすぎて使えないのに、買い取り価格ばかり嵩《かさ》む太陽光発電の電気などが入ってのことです。一方、本当に信頼できる電気は、8割以上を石炭や石油などの化石燃料に依存する構造で、そのほとんどを中東に依存しています。

なお、OECDで最下位はルクセンブルクなのですが、この国は小さすぎて自国で発電するメリットがなく、電力ネットワークでつながっているヨーロッパ各国から調達するのが、いわゆる国益に見合った電力供給ということになります。日本と一緒にはなりません。

問題だらけの「原子力規制委員会」の闇

川口：日本は津波と地震の国なので、1000年活動をやめていた火山が突然爆発するかもしれません。巨大な隕石が落ちてくるかもしれない。つまり、リスクゼロを求めている限り原発は動かせません。それで喜ぶのは脱原発派の人たちですが、彼らは電気代の高騰も、産業の停滞も気にかけていません。

しかも実際、それと同じような馬鹿げた判断を「原子力規制委員会」が下しています。2024年8月2日、原子力規制委員会は、再稼働を目指す福井県の敦賀《つるが》原発2号機の原子炉建屋直下に活断層がある可能性を否定できないとして、再稼働の新規制基準に不適合との結論を取りまとめる方針を示したのです。

原子力規制委がその判断を示したのは同年7月26日に開かれた審査会合においてですが、その後、事業者の日本原電は再稼働に向けた追加調査をする考えを示し、審査の継続を訴えたものの却下されました。まったくおかしな決定で、東京工業大学科学技術創成研究院特任教授の奈良林直氏も「結論ありきの審査だった」と発言しています（「敦賀原発2号機再稼働〝不合格〟『結論ありきの審査』事実上1人の委員が決める体制を専門家が問題視」「石川和男のポリシーリテラシー」）。

奈良林教授が「大きな問題点」としているのは、次の点です。

「アメリカの原子力規制委員会（ＡＣＲＳ）〔川口注：ＡＣＲＳは原子力規制委員会の審議会の一つである『原子炉安全諮問小委員会』のこと。原子力発電所の設置・運転、運転期間延長などの申請について、ＮＲＣのスタッフによる審査とは独立の立場で安全レビューを行う〕は、専門家が何人も議論して、議論した結果を規制委員会に出す。その後、最終的に多数決できめる。ところが日本の規制委員会は、専門分野の委員は1人で、その委員がダメだと言えば多数決ではなく、そのまま上に意見があがって承認されるだけ。アメリカだったら専門家を〝集めて〟議論、決定するところが、日本では1人の最終的な判断でダメと言ったら再稼働を認めないという結論になってしまう」(同前)

この状況を日本国民は知っているのですか? 否でしょう。

原子力規制委の「リスクゼロ」体質の妥当性を検証すべきです。

フランスの原発の監視体制

山口:その点、フランスのチェック体制はかなり厳格です。第3世代の原発と言われるEPRの稼働が12年も遅れたのも、前述したように、フランスの「原発のお目付け役」の原子力安全局(ASN)のチェックが厳しかったからです。具体的に紹介します。

ASNは2008年3月5日の視察後、所有者の仏電力公社(EDF)に「鉄骨の質が満足すべき状態ではない」とのクレームをつけ、同時に、「工事を受注した建設大手ブイグに対する現場の技術的コントロールが不十分」として、EDFによる監視姿勢も批判しました。

コンクリートの流し込みなどは2007年12月から開始されていたのですが、この視察後、工事は中止されました。工事再開直後の5月24日にもASNが再度、「異状」を発見して中止を要請しました。ASNは2008年10月にも原子炉内で使用する複数の部品に関し、建設責任者のアレバに対し、品質の提示を行うよう要請。その結果、2つの部品の使用を拒否しています。原発建設では多くの下請け会社も参加しており、品質などで手抜きをする可能性があるだけに、ASNとしては厳重に目を光らせる必要があるからです。その点、フランスの監視態勢はかなり健全だといえます。

ASNは2009年11月には、イギリス及びフィンランドの安全保安院とともに、EDFとアレバに対し、情報系統に関する危惧《きぐ》を表明。通常の制御システムと事故などの場合の制御システムが相互に依存し合いすぎており、事故の場合に混乱する恐れがあるというのが、その理由です。

ASNは2010年7月にも、EDFが「まだ、きちんとした措置を取っていない」と警告。2011年1月にEDFから回答が届いたときも、ASNは完全に満足すべき回答ではないなど、厳しいチェックを続行しました。

このようにチェックにチェックを重ねてやっと稼働にこぎつけました。

エゴイスチックな反対は通らないフランス

山口：前述の「ドルナノ報告書」が出されたとき、実は「反原発」の動きがありました。それは「原子力政策全体」に対するものではなく、単に危険そうな原発が「自分の家」、つまり地元で建設されることへの反対という地元民によるエゴイスチックとも当然ともいえる部分的な反対です。日本との共通項ですが、この反対運動が日本の場合のように重要視されなかったのはなぜか。

日本と異なり、デカルトの国フランスでは、「エネルギーの独立」という大義名分の前で、理を尽くさない感情論はまったく勝ち目がなく、全国的な反対運動につながらなかったからです。

「ドルナノ報告書」に強い影響を与えたのが1955年創設の「PEON（原子力を起源とする電力生産のための）委員会」です。メンバーは政治家と官僚、原子力関係施設の企業のトップという「原発推進派」で構成されており、事実上のフランスの原発の生みの親と言われています。

原発設立準備委員会も同様の委員で構成されていました。つまり、フランスのエリート集団です。原発建設の資金面の不安を口にする産業界もこの委員会に説得されたと伝えられます。

フランスの場合、政財官界のトップ、つまり政財官界を牛耳《ぎゅうじ》っているのは、グランド・ゼコールと呼ばれる大学とは別途の、難関な試験による選抜制度があるエリート校出身者で固められています。原発に関しても、仏原子産業大手のコジェマ（COGEMA、2001年に原子炉などの製造企業フラマトムと合併してアレバ＝AREVAになる）の社長が理科系の最高峰、高等鉱山学院（MINES）の学長を長年、兼務していました。EDFの幹部が議員に転進するなど、原発政策も一握りのエリート集団が事実上、決定権を握ってきました。

たとえば、日本の原発業界で「アトミック・アンヌ」のあだ名で知られるアンヌ・ロベルジョンはフランスの典型的なエリートです。1999〜2000年までコジェマ社長、2000〜2011年までアレバ社長を長年、務めましたが、スタートはミッテラン大統領時代にエリゼ宮（仏大統領府）の事務局長次長（1990〜1995年。首脳国首脳会議＝G7やG8のシェルパ＝大統領代表）に弱冠32歳で抜擢されたときでした。

この抜擢は大統領特別顧問だったジャック・アタリの推薦によりますが、アタリとロベルジョンはMINESの同窓です。アタリは国立行政院（ENA）の出身者でもありますが、ロベルジョンも秀才校の高等師範学校を卒業しています。MINESは理系のエリート校、国立理工科学校（ポリテクニック）の成績上位者数人が進学する理系の最高峰です。カルロス・ゴーンもポリテクニックからMINESに進学しています。

ロベルジョンはカナダのウラニウム会社の買収計画失敗の責任を取ってアレバを退社後は投資顧問会社ALPを設立し、2011年以来、同社社長。シェルパ時代に何度かインタビューしましたが、理系の秀才によくあるタイプの明確で屈託のない明るい人柄との印象でした。

ただ、このエリート支配に対しては反発が強まり、マクロン政権時代の2018年11月、ガソリンなどの燃料費高騰に端を発した市民運動「黄色いベスト」が「お上は何もわかっていない」と激しいデモを展開しました。この数年、デモに参加する正体不明の黒装束の暴力集団「ブラック・ブロック（極左とも極右ともアナーキー集団ともいわれ、資金源も不明）」も加わり、暴動にも発展しました。コロナの蔓延で2021年ごろには自然に終息状態になったのですが、マクロンさんは、自身も出身のENAの廃止を2019年4月に突如、決めました。2023年1月1日に新たに国立公共サービス研究所（INSP）が設立されましたが、「名前が変わっただけで実態は変わらない」との指摘が多い。フランスのエリート主義は今後も続きそうですが、フランスの「極右」の台頭は、この反エリート主義とも関係があります。

なぜフランスでは原発反対運動が起きないのか

山口：前述したように、政府の説明、宣伝で、「原発は危険」という認識が国民にあまりないからだと思います。事故も放射能を含んだ水の流出など0や1程度（0～7までの8段階あり、チェルノブイリの事故は7）の事故は結構、多いのですが、直接、被害が出ていないからだと思います。

フランスの「原発反対」運動は確かに、独伊に比較すると活発ではありません。少数の環境派が盛んに、洪水や暴風雨などの災害による原発被害を指摘したため、「反原発」「脱原発派」が「災害派」と揶揄《やゆ》されたこともありました。実はフランス人は極めて保守的な人たちなので、左右のイデオロギーに明確に属さない「環境」という比較的新しい概念になじめないのだと思います。フランス人は自動車も同じマーク、つまりルノーならルノー、プジョーやシトロエンならそのマークを買い続け、変えることは少ないそうです。「改造」とか「改革」という徐々に物事を変えることが苦手なので、溜まりに溜まった不満などが一気に爆発して「革命」を起こすのだそうです。

「グリーンピース」が過激で暴力的な反対運動を展開した結果、原発反対運動への不信感がかえって増幅されたことも否めません。グリーンピースの「反原発」運動が、「原子炉占拠」という過激な方法で展開されたこともあります。

グリーンピースがフランスで活動を開始したのは、フランスで核実験や原発が急激に増えた1970年代初頭です。1972年にはムルロア環礁の核実験に反対するための航海を企画して、〝勇名〟を馳《は》せました。「1F事故」後の2011年12月には、「安全な原発は存在しない」

との標語を抱えて、仏中部のノジャン・シュル・セーヌの「原発」に侵入しました。

この事件は、「首都に一番近い原発（パリから南西に約95キロ）」だっただけに、当局者に対して厳しい警告にもなったことは事実です。

同地にある2基の原発は1981年に建設が開始され、1988、1989年に相次いで運転を開始し、首都パリを含むイル・ド・フランス地方の電力消費の3分の1の電力を供給しています。従業員数は約700人と、規模も最大級です。

「グリーンピース」が米国生まれの運動で、名称も英語であることも、潜在的に米国嫌いのフランスでは、あまり好意的に受け入れられなかった理由かもしれません。豊富な資金の出処《でどころ》があいまいだったことも不信感や嫌悪感を強めた面もあります。一番の理由は、外国人（仏人もメンバーにいるが）がフランス共和国の国是である「独立」にケチをつけるのが、「ガマンならないから」（仏人記者）との指摘もあります。

日本でも「原子力反対」の声は減ってきている

川口：日本原子力文化財団の「2023年度原子力に関する世論調査」によると、「原子力は役に立つ」に、はいと答えた人は58％（いいえ10％、どちらでもない31％）、「原子力発電がなくても経済発展ができる」に、はいが21％（いいえ29％、どちらでもない50％）、「原子力発電がないと電気料金があがる」に、はい61％（いいえ8％、どちらでもない30％）、「二酸化炭素を排出しない」に、はい43％（いいえ11％、どちらでもない46％）という結果がでました。

これを見ると、国民の原子力への関心は決して低くないと思います。

ただ、私が意外だったのは、原発が二酸化炭素を排出しないことを知らない人がまだこんなにもいるということです。

この調査は毎年行われていて、結果がＨＰに公表されていますが、原子力発電に対する反対意見は少しずつ減少しているようです。大切なのは、国民が正確に判断できるよう、原子力についての正しい知識、また、どんな安全対策がなされているかをしっかりと伝えることでしょう。

脱産油国依存に成功したフランス、中東依存が加速する日本

山口：そもそもフランスの原発建設は先にも指摘したように、石油ショックをきっかけに脱産油国依存から始まっています。原発建設の計画そのものは、ジスカールデスタン中道右派政権

（1974〜1981年）の前のジョルジュ・ポンピドー右派政権時代（1969〜1974年）の1973年に決定されました。同年から石油危機が始まり、石油資源のないフランスは中東や北アフリカなどの産油国から、日に日に高騰する高価な石油を購入しなければならなかったからで、原発建設は焦眉《しょうび》の問題でした。

ジスカールデスタン（2020年12月死去、94歳）は「1F事故」直後に、『ルモンド』（2011年3月25日付）との会見で、フランスの原発建設を決めた当事者として、当時を振り返り、次のように述懐しています。

「1973年の前政権の選択は、私の大統領在任期間の初期の1975年に実現されたが、熟慮した結果だった。情熱や一時的な考えで導入されたものではなく、フランスの領土に使用可能なエネルギーがなく、外国からの輸入に全面的に依存するのは危険であるという現実に基づくものだ」と述べ、「熟慮」を強調しました。

また、「この選択は国中の関係者や専門家で議論された末の結果であって、野党の共産党を含んだ政治的にも科学的にも承認された選択だった」と述べ、選択と決定の正当性を主張。さらに、「この選択は1期7年で2期14年に及んだミッテラン左派政権時代にも再検討されることはなかった」と、左右の党派を超えて、「原発」が国策として支持されてきたことを強調しています。

確かに「原発建設」すなわち、「エネルギーの独立」に関しては長年、共産党はもとより、社会党も反対を唱えたことはありません。「自由、平等、博愛」を国是とするフランス人は「独立」という理念も重要視しているので、政府の「熟慮した結果」との説明に大いに納得したわけです。

産油国依存に甘んじた日本とはこの点が違います。

軍事費を節約したから日本とドイツは経済大国になれた

川口：日本はオイルショック以前に、先の大戦の最大の教訓がエネルギーの自給自足の問題だったはずです。日本に〝パールハーバー〟の引き金を引かせたのは、周知のように、日本への石油やくず鉄など戦略物資の輸出を規制・禁止した米英蘭中諸国による「ＡＢＣＤ包囲網」でした。

一方、日本人は広島・長崎に原爆を落とされており、その空前絶後の悲惨さのトラウマがあり、また、のちのチェルノブイリや福島第一の事故も、日本人の核アレルギーを増幅させたでしょう。当時、福島で、放射線汚染による妊婦や子供たちへの影響を心配した母親の気持ちは、私にもよく理解できます。しかし、だからといって、経済も安全保障も無視して、54基ある原発をゼロにするという決断は、あまりにも稚拙だったといわざるをえません。政府がこんなに感情に流されるのは異常です。

山口：自立を重んじるフランスからみると、日本とドイツはあまりにも安全保障軽視のようにみえます。軍事費というのは実はすごくお金がかかります。フランスの場合は特に国防の要「核抑止力」としての核兵器を保有しているので、莫大な予算が割《さ》かれています。日本とドイツが戦後経済大国へと発展できたのは、「戦争放棄」で国防費を費やさなかったからです。経済一辺倒でやってきて安全保障を軽視してきた弊害が日独両国に突きつけられているように見えます。

川口：フランス国民は原発のリスクと自立を脅かされるリスクとを天秤《てんびん》にかけたうえで、後者を選んだということですよね。

日本一国が脱原発をしたところで、対岸で韓国や中国の原発が大事故を起こせば日本も無傷ではすみません。ドイツなどはもっと極端で、国境の向こうにずらりと原発が並んでいます。だからドイツが脱原発をしても、安全とは一切関係がない。そこを突かれた緑の党は、「世界から1基でも原発が減ることに意義がある」などと屁理屈を言っていましたが、世界では減るどころか、現に中国もロシアも原発をせっせと増やしています。今やドイツの脱原発は茶番です。日本のほうがまだマシ。

ウクライナ戦争でのもうひとつの現実は、エネルギーと食料を自給でき、核を持つ国の強さです。ロシアはまさにそういう国ですから、欧米に過酷な経済制裁を科せられて2年以上が経ちますが、大して響いていません。制裁後、メディアが盛んに報道したロシア経済のデフォルトも、通貨のルーブル危機も起きていません。それどころか対ロ経済制裁では、結局、制裁している側の欧米がいつまで耐えられるかといった状況です。一生懸命、自分たちで掛けた制裁の抜け道を探している。

だから、これを教訓とするなら、日本は資源がないのはどうにもならないのだから、せめて核燃料を自前で作るということです。これが、今、青森県の六ヶ所村で進んでいる核燃料サイクルの話につながります。ウランを一度輸入すれば、使用済み核燃料からまた新たな核燃料を作ることができるのです。これで、電気に関しては、かなりのエネルギーの独立を確保することができます。なお、食糧安全保障では、高級果実ばかりではなく、お米をちゃんと作ること。政府はそれを本気で補助しなければならない。そして、主権を保つためには核武装です。つまり、攻められないための核抑止力の構築。核を民事用と軍事用に分けることが、すでに欺瞞《ぎまん》です。

軍事核と原発の関係は密接

山口：シラク大統領の第1期右派政権時代（1995～2002年）に一時、環境相を務めたコリーヌ・ルパージュは、「フランスでは軍事核と民事核（原発）の関係は極めて密接」と指摘。そのうえで、「フランスが核抑止力政策を国防の要としている限り、原発廃止問題は容易には国民的合意には達しない」との認識を示しました。彼女はフランスでは少数派の環境派なので、軍事核と民事核の密接な関係を嘆き、原発反対も原爆反対もフランスでは多数意見にならない点を指摘したわけです。

前述のように、フランスは石油ショックの際に「産油国の言いなりにならない」、ために「原発」建設を決定した経緯があります。ルパージュさんが指摘したように、冷戦中に米ソのどちらにも与《くみ》しない「国防の独立」を叫んで誕生した「核抑止力」と同一線上にあるといえます。ルパージュさんはだから、フランス共和国の「レゾンデートル（存在理由）」でもある「独立」を基盤にしている「原発」は、長年、論議の的になることさえタブーであり、聖域でもあったと嘆いたわけです。

実際、スリーマイル島の事故（1979年）が起きようが、チェルノブイリ事故（1986

年）によって仏国内に放射能雲が流れてこようが、２０００年代初頭までは、確かに、フランス人の「原発」への信頼は揺るぎのないものがありました。革命の国であるフランスでは、日本では考えられないような激しいデモが行われ、政治を動かす力を持っていますが、脱原発の大規模デモはいまだかつて起こったことがありません。

前述したように、フランスでの大小のデモ数は年間３０００回といった数字もあります。シラク大統領が１９９５年5月の就任直後の同年6月に核実験の再開を発表したときも、日本などから猛攻撃を受けましたが、国内での大規模デモはありませんでした。広島・長崎への原爆投下50周年にあたったので、「外交上」、タイミングの悪さを問題にした社会党など左派が盛んに批判しましたが。

「原発推進派」にとっては、石炭、石油などの炭素資源の枯渇や、火力発電による炭酸ガスの上昇に伴う地球温暖化という環境問題も追い風になりました。「原発」は炭素燃料に比較すると排気ガスを出さない「クリーンな燃料」とされ、ウランは石炭、石油に比較すると、埋蔵量が豊富で、無尽蔵にあるような錯覚を与えてきました。

川口：もともと原子力が軍事から始まっていることは、日本人は身をもって知っていることです。ウランとプルトニウムの核分裂を利用して作った原爆は、ウラン型の「リトルボーイ」が広島に、プルトニウム型の「ファットマン」が長崎にそれぞれ投下されました。

発電用の原子炉にしても、もともと原子力潜水艦の動力として軍事用に開発されたものです。憲法で戦争放棄を謳い、日本を侵略する隣国がない前提で国家の在り方を決めてきた日本では、「核の平和利用」が強調されますが、本来、核は軍事利用、平和利用と分けられない性質のものです。

だから、日本がいかに平和を祈念し、手の内を曝《さら》け出したつもりでも、「使用済み核燃料に溜まったプルトニウムで日本は核兵器を作るのではないか」と言いがかりをつけてくる国があることはいかんともしようがないのです。

山口：1994年にラ・アーグの再処理工場から日本が依頼していたプルトニウムが輸送されたとき、仏メディアの一部は、「これで日本は核兵器所有国になる」と大騒ぎでした。ベルリンの壁が崩壊し、冷戦終了で、米国が冷戦時代に重視した日本の地政学的優位が薄れ、米国の「核の傘」から外れ、ロシア、中国、インド、パキスタン、そして北朝鮮という核所有国、疑惑国に囲まれている日本はいよいよ核武装するとみたわけです。当時の日本人としては思ってもみない発想だったので、正直言って虚を突かれた感じでした。

川口：肝心の日本人だけが、そんなことは夢にも思っていなかった。

――日本では、原子力の利用の目的や基本方針を定めた原子力基本法に、「原子力は平和利用に限る」と明示している。そして、それを証明するために、IAEA（国際原子力機関）の職員が六ヶ所村の核燃料サイクル施設に常駐し、24時間監視している。これがIAEAよる保障措置。

川口：そうですが、一方では、日本が核兵器を作るのではないかと疑ってくれる国があるおかげで、それ自体が日本にとって一種の抑止力にもなっていると思えば、それも悪くない。

ただ、当の日本人は、他国の持っている核兵器と、日本への核攻撃を結びつけて考えない。唯一の核攻撃を受けた国だというのに、この忘れっぽさは何でしょうね。だから、「東京を火の海にする」と言う指導者のいる隣国が核兵器を溜め込んでいても、皆、平然としている。本当に不思議な国民です。

「平和を愛する諸国民の公正と信義に信頼して」いるせいか、あるいは、「核兵器ぐらい、その気になればいつでも作れる」と思っているせいか、あるいは、「そんなことは一切考えていない」のか、そこら辺がよくわかりません。

一番最後の考えだとすると、ちょっとまずいですね。

第3章

検証、「原発はいらない」は本当か

原発事故の本当のことは誰も知らない？

――。産油国のエネルギーリスクが顕在化し、電気代も上昇する一方、相変わらず根強い脱原発の声がある。そうしたなかで、１Ｆ事故がさらに大きな影響を与えた。

川口：日本のエネルギー政策を論じるうえで、絶対に避けて通れないのが福島第一原子力発電所事故です。日本人の核アレルギーを高めたという点では、広島・長崎の原爆投下に匹敵するでしょう。

原発事故が起きてしまったことは取り返しがつかないことです。しかし、だからこそ悲惨な事故を繰り返さないよう、その原因を徹底的に解明する必要があります。それなくしては、将来の原発の安全対策は定まりません。この事故をきちんと検証することが、脱原発か原発推進かを問わず非常に重要です。

まずは、福島第一の4基の原発の圧力容器の中で、いったい何が起こったのかということです。私はまったくの門外漢でしたが、実は、２０１５年に『復興の日本人論――誰も書かなかった福島』（グッドブックス）の上梓にあたって、この問題を避けて通ることができず、当時、教科書としたのが、石川迪夫《みちお》先生のご著書、『考証 福島原子力事故――炉心溶融・水素爆発はどう起こったか』(日本電気協会新聞部)でした。しかも、光栄なことに石川先生から何度か個人レクチャーも受けました。

石川先生は、日本の原子力発電の黎明《れいめい》期から現在に至るまで、原子力とともに歩んでこられた、日本の原子力安全工学のパイオニアです。1934年のお生まれですが、屈強な体躯、明晰な頭脳、朗々とした声で、今でもそこにいるだけで、周りの者に尊敬と畏怖《いふ》の念を抱かせるような人物です。

先生の存在が唯一無二なのは、その経験の豊富さでしょう。1966年には、米国アイダホで行われた試験炉SL－1の暴走事故の原因究明の実験に初の日本人留学生として参加を許されています。SL－1というのは、米軍基地の電源供給用の原子炉として開発が進んでいましたが、1961年、補修作業員のミスで暴走状態となり、大事故を起こしました。

また、1963年に日本で初めて成功した動力実験炉JPDRでは、建設、運転を指揮、そして1986年からは10年をかけて廃炉も指揮されました。これはなんと、世界で2番目の廃炉工事だったといいます。先生曰く、「僕はJPDRの産婆と坊主、両方やりました」。そのほかにも原子力安全工学の専門家として、IAEA、OECDなど世界の原子力界でも、多くの要職を務められていました。

ところが、その〝安全〟が2011年3月11日に瓦解します。事故の原因が津波による電源喪失であることは自明の理ですが、安全に関わっていた人間としての責任感もあったのでしょう、先生は即座に立ち上がります。そして、事故の際、4基の原子炉の中で何が起こっていたのかを緻密に考察したのが、前述の著書『炉心溶融・水素爆発はどう起こったか』でした。

福島原発、損壊鮮明に。民間無人機が撮影（2011年3月30日）
©エアフォートサービス／アフロ

この本は、世界で起こった過去の事故を克明に検証し、それらのデータと、震災後に東京電力が発表した事故調査報告書だけを頼りに、福島第一の原子炉の中で起こったことを考証したものです。

2014年に発刊されたときには、その内容は先生いわく、〝推理〟であり、〝サスペンス〟で、関係者からは突飛と思われていた部分もあったようです。ところが、だんだんと究明が進み、また、最近になって、ロボットによる撮影に成功した原子炉内部の写真が上がってきたり、燃料デブリの試験的取り出しが完了したりしたことで、先生の〝推理〟がおおむね正しかったことが証明されつつあります。

この本を読むと、いかに「原発事故」そのものを自分が知らなかったかを思い知らされますが、先生に言わせると、多くの原子力関係者も同じだそうです。今の学者は、事故原因の究明と言いつつ、既存の計算コードのチェックをしているだけだと。現実に起きたことは複雑なので、事前につくられた計算コードでは説明できないことが多く、計算結果と事故の現象は一致しない。無理に一致させようとしてインプットをチューニングすると、事故全体の整合性が成り立たなくなる。しかし、本来なら、過去に起きた事故についてもっと勉強をしていれば、炉心溶融や水素爆発はもちろん、事故に伴う風評被害ももっと防げた可能性があったと。

いずれにせよ、石川先生が描かれたストーリーは、一般に言われたメルトダウン、「水の少なくなった高熱の原子炉の中で、核燃料が溶融し、ドロドロと圧力容器を突き破って漏れ出す」といったテレビでよく流れたストーリーを真っ向から否定しています。

「炉心溶融や水素爆発は防げた」

川口：前掲書の肝は第1章で、スリーマイル事故の「溶融炉心」の分析から始まります。なぜなら、福島第一の原子炉で起こったことは、スリーマイルの炉心の溶融状況と似ているからです。

詳細は原文にあたっていただくことにして、ここでは私が、拙著『復興の日本人論』で、無理を承知で試みた要約をここに引用します。

《一、事故の説明のためにテレビでさんざん示されたグラフィック、真っ赤に溶けた炉心がドロドロと溶け、圧力容器の底を貫通して格納容器に流れ出るという事態は、現実には起こり得ない。なぜなら、炉心は高温に熱せられ、柔らかくなっても、すぐに溶融することなく、表面に形成された酸化ジルコニウムの膜に守られた形で、かなり長いあいだ直立したままでいるからだ（注：核燃料は、ジルコニウムの合金でできた長い管の中に詰められている）。

二、炉心溶融が起こるためには、2つの絶対条件がある。「炉心が灼熱状態であること」と、「大量の水があること」だから、俗に言われているように、「圧力容器の冷却水が減れば、炉心の温度が高まり溶融が始まる」というのは正しくない。そもそも燃料である二酸化ウランの融点は三千度近いため、水がなくなっただけでは、なかなかその温度には到達しない。

では、炉心溶融はいつ始まるかというと、減った水を補うために大量の水を注入したときに始まる。なぜなら、それまで灼熱状態の燃料棒を保護していた酸化ジルコニウムの膜が、水で急に冷やされて破れてしまうからだ。膜がなくなると、内部の高温ジルコニウムと水が接触し、激しい化学反応が起こり、急激に温度が上がる。その高熱で初めて炉心溶融が起こり、大量の水素ガスが発生する（水素は百パーセント水素だけなら爆発しないが、どこかで空気と混じり合えば起爆を帯びる。そこに何らかの衝撃で火がつくと大爆発が起こる）。

では、実際に事故が起こり、圧力容器内の温度が上がり、水が減り始めたときはどう対処すればよいのか？　圧力容器内の水が無くなっただけでは炉心溶融も起きないし、爆発もしないなどと、のんきに構えていることは、もちろん許されない。

それに対する石川先生の答えは明快だ。圧力容器に注水をするとき、ジルコニウムが酸化反応を起こす条件を取り除けばよいというものである。つまり、一時的に圧力容器内の圧力を低下させる。すると、圧力容器の中に残っていた水が蒸気になって噴き出し、それが燃料棒の温度をゆっくりと下げる。そのあと注水すれば、ジルコニウムとの激しい化学反応は起こらない。そのとき、すでに炉心が崩れていたとしても、高温にさえならなければ、溶融は起きない》

つまり、先生の論では、炉心の「ジルコニウム・水反応」さえ理解していれば、溶融は防ぐことができる。重要なのは、「メルトダウンや水素爆発は避けられないものではない」ということです。これらの出来事は、何千度といった高温の世界で起こっている話で、素人の私には誠に想像し難いのですが、それだけにかえってに興味をそそられます。

どうなっている福島第一の使用済み核燃料とデブリ

――多くの日本人が一番気にしているのは、30~40年かけての廃炉工事の進捗状況だ。2013年に日本政府が決めたものだが、10年以上過ぎた今も、炉心が溶けて固まった「燃料デブリ」が1~3号機の原子炉格納容器底部等に残ったままであること、使用済み核燃料プールからの核燃料取り出しが1号機、2号機ともに完了していないことが懸念されている。これらが解決されなければ本当の意味で原発事故が終わったことにはならないと、多くの人が思っている。

川口：実は石川先生は、それにも大いなる疑問を呈しています。

先生が、前々から主張しておられるのが、福島第一を40年で廃炉にするのは無理だということです。その代わりに先生は、もっと現実的で、安全で、経費もそれほどかからない代案を提案されています。これについてはあとであらためて触れます。

いずれにせよ、日本政府は現在、廃炉40年を目標としていますが、それがなかなか進まないから、国民は当然、うまくいっていないのだろうと思います。そして、うまくいっていないということは危険であるに違いないと考えます。

そして、その不安が、最悪に最悪を重ねたような惨劇を想定する余地を与えてしまうのです。たとえば、損壊のひどい1号機の建屋が大地震で倒壊し、まだ水槽に残っている使用済み核燃料392体の冷却ができなくなって放射能が飛散し、空前の大事故となり、日本全土が廃虚と化すなどといわれる評論家の方もいます。

しかし、規制庁によると、想定される地震のうち、900ガルという最大級のものがきて、原子炉の基礎が損傷し、その上に立っている原子炉圧力容器（RPV）や原子炉遮蔽《しゃへい》壁（BSW）や原子炉格納容器（PCV）などが全部転倒して、しかも建屋に衝突したとしても、重大事故を引き起こすことはないとの見解が公表されています。これ以上、何を想定すればいいのでしょう？

なお、燃料デブリについては、2024年11月7日、東電は1号機から試験的な取り出しに成功しました。総量は880トンのうちのわずか数グラムですが、成分の分析には十分な量だということです。事故から13年半かかりました。もし、目標が、全部取り出すということであれば、これが大きな一歩といえるのかどうか、私にはわかりません。

福島第一原発の事故処理費用想定は現在23兆円

――原発に対する反発の声は事故処理に膨大な費用がかかることからも高まっている。2016年の試算では、21・5兆円。その内訳は、廃炉に8兆円、賠償に7・9兆円、除染に4兆円、中間貯蔵施設に1・6兆円。それが2023年の試算では、賠償や除染などの費用が1兆9000億円増え、総額は23兆4000億円へとふくれ上がった。

川口：「原発は高い」と思われても仕方がない数字ですね。でも、石川先生は、これはおそらく、具体的な廃炉の方法も計画も決まっていないうちに、有識者の見解だけを頼りに無理矢理膨らませた数字ではないかとおっしゃっています。先生によれば、廃炉には二つの方法があるが、どちらを取るにしても、廃炉費用8兆円は高すぎると言っています（2018年10月11日『電気新聞』「もんじゅ、福島第一の廃炉費用は適正か」）。放射線レベルの高いデブリや、溶融した炉心を封じる方法は、解体取り出しか、石棺などで覆って保管するという二つの方法があるそうですが、いずれも「たかだか数千億円」で、いくら事故った原発だといっても8兆円は高すぎると。

山口：フランスの原発において初の「全面的解体」となったのは、ブルニリ原発（英語の発音による日本語の表記はブレンニリス。1967年に稼働開始、1985年に運転終了）です。北西部ブルターニュ地方にある同原発は1962年に仏原子力庁が実験炉として建造を決め、1967年から運転を開始しました。テロ攻撃を受けた（後述）ことをきっかけに、1985年に運転停止が決まりました。

拙書『原発大国フランスからの警告』の執筆にあたり、2011年に取材したとき、関係機関の仏電力公社（EDF）はもとより、CEAも「安全な解体作業」の「ショーウインドー」にしようと必死でした。

しかし、2000年12月には地下水の上昇により排水処理施設が水浸しになったほか、2001年1月には関連施設で火災が発生し、そのたびに作業員や環境への汚染が心配されました。

2007年1月、地元新聞『ブレスト通信』は特別監視委員会が「解体監視」に関する会合で、「ブルニリ施設内で排水用運河からプルトニウムが発見された」と報じ、EDFがそれを認めるという事件も発生しています。

1985年に解体作業の第一段階が開始され、原子炉から核燃料が除去されました。

1997年には原子炉周辺の建物の汚染排除や分解に取りかかり、核燃料も撤去されました。ただ、大量の放射能を含んでいる原子炉の解体には時間がかかり、2005年までの経費は4億8200万ユーロ（仏会計検査院）にのぼっています。物価上昇も加わり、当初の見積りの20倍に達しましたが、今の円安の為替で計算すると日本円にして約664億円です。ブルニリ原発は70メガワットと小出力であり、福島第一のように水素爆発をしたわけではないので、一概に比較はできませんが、確かに日本で試算された廃炉費用は高くつきますね。

川口：福島に近いのは、溶融炉心を解体取り出ししたアメリカのスリーマイル島原子力発電所2号機です。溶融炉心の98％は岩砕され、遮蔽容器に入れて保管されています。ただ処分場が未定のためアイダホの国立研究所に仮置き状態にあり、発電所内の放射線量が高いので、建物の撤去は完了していないものの、ここまでに要した費用は、約1000億円と言われています。

原発は安いのか高いのか

山口：1F事故以降、フランスでは「電気代は原発のおかげで安上がり」という通説を再検討する動きが高まりました。

2012年12月に、フランスの会計検査院は建造中の第3世代の原発「欧州加圧水型炉（EPR）」に関し、「原発は決して安くはない」とする衝撃的な報告書「原発の価格」を公表しています。

これは「現存の原発のメンテナンス費用」や「原発の解体費用」「放射性廃棄物の処理費用」など、入手できるかぎりの過去や現在の数字のほか、原発関連施設からの詳細なデータも加えて算出したものです。その結果、「EPR」の総工費を60億ユーロと試算し、当初の予算の2倍になると指摘しました。10年以上前の話ですよ。2024年9月稼働の時点では当初予算の4倍に膨れ上がっていました。

当時の会計検査院院長のディディエ・ミゴーは当時、『ルモンド』との会見で、さらに値上がりする可能性も示唆していました。

第3世代の新型原発と喧伝《けんでん》されている「EPR」が運転を開始したとしても、「電気代は現在の2倍になる」（世界自然保護基金：WWF）との指摘は以前からありましたが、今後、物価の上昇や安全性確保のためのメンテナンス費用などを加えると、2024年9月にEPRが稼働を開始しましたが、EPRがどれだけの電気代になるのか、まだ、見当もつかない状況です。マクロンさんは、稼働時に「電気代が安くなる」と言っていましたが、EPRの電気代に関する報告などがまだ正式には出ていません（2024年12月現在）。

【統合コストの一部を考慮した発電コスト】2040年の試算の結果概要（暫定）

委員試算を踏まえた検証結果。政策支援を前提に達成するべき性能や価格目標とも一致しない。

1.太陽光や風力といった安定した供給が難しい電源の比率が増えていくと、電力システム全体を安定させるために電力システム全体で生じるコストも増加する。電源別の発電コストを比較する際、従来から計算してきた①に加え、一定の仮定を置いて、②も算出した。
①新たな発電設備を建設・運転した際のkWhあたりのコストを、一定の前提で機械的に試算したもの（LCOE）
②ある電源を追加した場合、**電力システム全体に追加で生じるコスト**（例：他電源や蓄電池で調整するコスト）を考慮したコスト（統合コストの一部を考慮した発電コスト）

2.統合コストの一部を考慮した発電コストは、**既存の発電設備が稼動するなかで、ある特定の電源を追加した際に電力システムに追加で生じるコスト**を計算している。具体的には、LNG火力など他の電源による調整、揚水や系統用蓄電池による蓄電・放電ロス、再エネの出力制御等に関するコストを加味する。

3.将来のコストは、燃料費の見通し、設備の稼動年数・設備利用率、ある特定の電源を追加した際に電力システムで代替されると想定される電源の設定（今回は、費用が一番高い石炭火力とした）などの**試算の前提を変えれば、結果は変わる**。今回は、3ケースについて算定。さらなる技術革新などが起こる可能性も留意する必要あり。

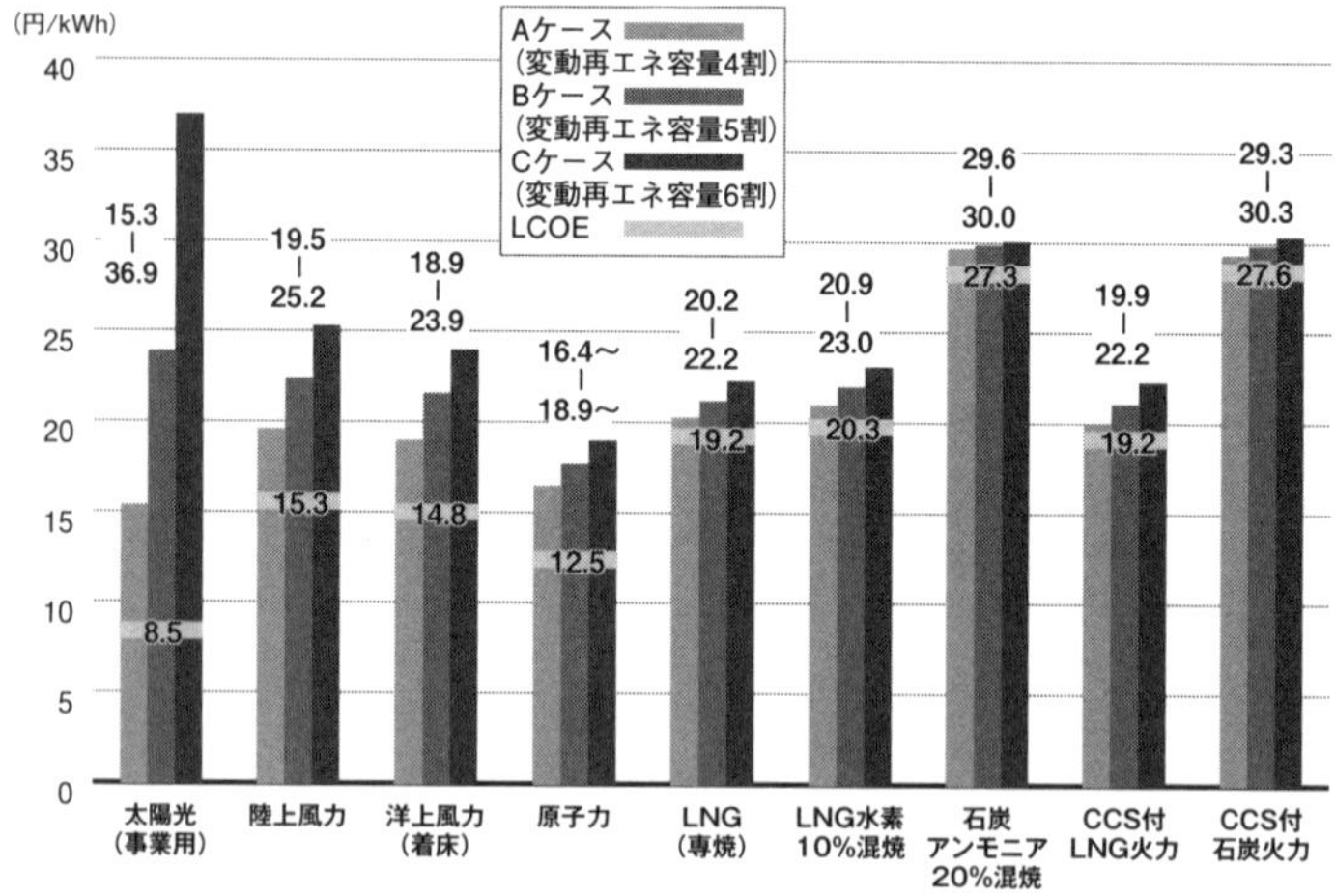

※2040年の電源システムについて、一定程度、地域関連系線が増強され、系統用蓄電池が実装されているケースを想定しており、これらによる統合コストの引き下げ効果は、上記結果に加味されている。加えて、ディマンドリスポンスを一定程度考慮した場合、統合コストの一部を考慮した発電コストが上記より低い水準になる。
※地域関連系線の増強費用や蓄電池の整備費用は、「ある特定の電源を追加した際」に電力システム全体に追加で生じるコストではないため、計算には含まれない。
※水素、アンモニアは熱量ベース。

（総合エネルギー調査会・発電コスト検証ワーキンググループ資料）

ひとつの目安として、最古のフェッサンエイム原発の場合、1メガワットにつき107万ユーロの費用がかかったのが、2000年建造の原発の場合は、137万ユーロに値上がりしています。この計算でいくと、「EPR」による電気代はかなり割高になりそうです。

この会計検査院の報告書に乗じたのが脱原発を推進するエコロジストたちです。「フランスの電気代は原発のおかげで安上がり」との長年の神話が崩壊したと指摘しています。

川口：各電源によるコストを比較する「電源別コスト（LCOE）」は、資源エネルギー庁の「発電コスト検証ワーキンググループ」でも、どのような条件下や範囲で比較するかで議論になった難しいテーマだといいます。

自然エネルギーは天候や日照条件によって出力が変動しますから、発電量の増減を調整したり、あるいは、ゼロになってしまったときの対策のために、必ず調整電源が必要になります。でも、それは、維持費はかかるけれど、いつも動いているわけではないから、設備利用率としては非常に低いわけです。それらの「統合コスト」を考慮すると、最近の検討結果では原子力の発電コストは、キロワットアワーあたり16・4～18・9円、事業用太陽光で15・3～36・9円、陸上風力で19・5～25・2円と、当然、自然エネルギーは割高になります（送電のためのコストは考慮していない）。ちなみにLNG火力は20・2～22・2円となっています。ただ、こういう数字は、計算の仕方で如何ようにもできそうな気はしますが。

「原発をすべて止めろ」は、採算度外視の感情論

川口：2023年に対談をした（『優しい日本人が気づかない 残酷な世界の本音』ワニブックス）青山学院大学の福井義高教授によれば、脱原発のコストについて試算した論文もあるようです。

ロンドン・スクール・オブ・エコノミクスの研究者、スチーヴン・ジャーヴィス氏らが2022年に『欧州経済学会誌』（20巻3号）に発表したものだそうですが、原発を全廃する過程で、環境汚染などの「社会的コスト」が年間約30億ユーロから80億ユーロ、つまり約5000億円から1・3兆円くらいかかるというのです。

また、ジャーヴィス氏らは、ドイツ人の脱原発を安全面から正当化するためには、ここ20年の間に福島と同程度の事故が起こる確率が10～50％でなければならなかったと指摘しているそうです。しかし、ドイツ人はその数字を無視し、石橋を叩いて、さらに叩いて、結局、橋は落ちてしまった。これが懸命な措置であったかどうかは、もう少し時間が経てば答えが出るでしょう。すでに次の政権を狙っているCDUは、原発再稼働に舵を切り始めています。でも、一度、叩き壊した橋をまた架け直すのは、容易ではありません。

そもそも原発の場合、「建設コスト」が膨大でも、燃料など「ランニングコスト」は比較的低い。しかも建設コストのなかには安全対策が含まれています。「原発を全廃した場合の大きな社会的コストを考えると、新規の原発建設反対には合理性はあっても、すでにある原発を利用せず性急に廃止することは、正当化しがたい感情論だ」というのが福井教授の見解です。

山口：先ほど紹介した報告書のなかでも、40年の寿命を迎える原発をすべて廃棄処分にするのは現実的ではないと暗に示しているのではないか、と思われる記述があります。

原発58基（当時、現在は56基）の解体費用を184億ユーロ（2010年の物価水準で計算）、放射性廃棄物の処理費用としては284億ユーロ、全58基の原子炉の寿命延長用のメンテナンス費用としては550億ユーロと試算しています。

会計監査院院長のミゴーは、2022年までに40年の寿命を迎える原子炉22基をすべて廃棄処分にした場合、約75％の電力を維持しようとしたら、短期的に相当な投資が必要だと指摘しました。

「ASN」は2013年1月の監査報告で、多大な「補強工事」の条件をつけながらも「運転停止の必要性のある原発は1基もなし」と結論づけています。

おそらく原発の管理的立場にある関係者の間では、莫大な費用のかかる解体やEPR型原発の増設より、現存の原子炉のメンテナンスをしっかりと行い、延命工作をしたほうが、安全上も経済上も正しいとの認識があるのかもしれません。
「ＩＲＳＮ」のルピュサール所長も福島の原発事故当時、原発のメンテナンスは絶えず実施しているると証言しています。「日本は古い原発に対しても本格的メンテナンスを実施しているのであろうか。していないはずだ。フランスの場合、メンテナンスを怠っていないので、実際の建築年数より、ずっと若い」と、日本を引き合いにフランスのメンテナンスの高さを強調していました。

フランスでは福島の原発事故についても、老朽化した原発への補強作業の問題がしばしば指摘されていました。

「老朽原発」とは何か

川口：その「日本は古い原発に対しても本格的メンテナンスを実施していないはずだ」というのは聞き捨てなりません。私は、あちこちの原発を見せてもらった経験がありますが、停止中の施設であっても、細心の注意を払って管理されているという印象を持っています。40年を超えて稼動というと、「老朽原発を動かそうとしている」という批判が沸き起こりますが、皆、何も知らずに、サビの出た自転車か何かを想像しているのではないでしょうか。

アメリカでは80年間の運転が認められているプラントもあります。それに比べれば40年は働き盛りです。ひと口に原子力発電の「老朽化」といいますが、原子力発電所には様々な設備や配管がありますが、国が定めた点検・補修をし、劣化した機器や配管、計器類などは必要に応じて新品と交換しているので、そのことが廃炉への決め手にはなりません。なお、専門家は現場では老朽化ではなく、「高経年化」という言葉を使っています。

では、反対に取り換えがきかないものは何か。主要なものが3つあります。それは、原子燃料を内包する原子炉容器と原子炉格納容器、それとコンクリート構造物です。これらについては、通常の点検とは別に「特別点検」を行い、定期的に詳細な評価を行い国の審査を受けています。そのなかでも、特に「原子力発電所の寿命」を決めるうえで重要なのは、一番内側にある原子炉圧力容器で、鋼材を脆くする中性子照射の影響をきちんと評価する必要があります。

日本製鋼所の圧力容器は世界最高水準

川口：その頑丈な圧力容器を造る技術は、日本が世界最高水準です。日本製鋼所の圧力容器は、

1F事故が起きるまでは世界で8割のシェアを持っていました。

以前対談（『ドイツ見習え論が日本を滅ぼす――メルケル後の迷走でEU大波乱!?』ビジネス社）した故・豊田有恒先生が日本製鋼所の技術力の高さについて熱く話していたことが思い出されます。

他メーカーの圧力容器は板曲げで、つなぎ目に多数の溶接線が生じるのに対し、日本製鋼所の圧力容器は一体鍛造であり、要は日本刀を作る匠《たくみ》の技術が源になっています。1万4000トンの巨大なプレス機械で鋼塊を加工して、抉《えぐ》りだして圧力容器を製造しているのです。圧力容器は、鋳造でも造れますが、大型のものは鍛鋼でなければ強度を保てないといいます。

実は私も製鋼所の室蘭製作所に見学に行ったことがあります。そこで使用済み核燃料を中間貯蔵するときの容器であるキャスクを造っているのを見せていただくことができました。キャスクは原発の圧力容器と同じく、どんな小さな不具合も許されない製品です。

電炉で溶かした鋼の塊を取り出して大きなプレス機で形成するのですが、鋳造はコンピュータ制御でやっているはずなのに、最後は人が目で見ている。「ちょっとこっち」とか、「よし」とか。「匠の技」という感じがしました。

福島第一原発の事故のあと、ドイツの原発でも安全性の確認が行われましたが、テレビを観ていたら、ある原発の広報の人が、「うちは絶対大丈夫。日本製の圧力容器だから」と言ったので、びっくりしました。あれは日本製鋼所のものだったのでしょう。

なお、2023年2月に閣議決定された「GX実現に向けた基本方針」では、厳格な安全審査を前提に、運転期間として40年プラス20年の運転を認めるとともに、再稼働の審査のために停止していた期間は稼働年数から差し引いてよいことになりました。

原子力発電所が停止しているときには、原子力圧力容器への中性子の照射の影響もないわけですから、妥当な判断だと思います。でも、もう14年も止まっているのですから、悲しいですよね。

福島原発は「人災」か？

川口：山口さんはご著書（『原発大国フランスからの警告』）のなかで、1F事故に対する当時の日本政府と東電経営陣の対応を辛辣《しんらつ》に批判したフランスの政治家、原発当局、メディアの声を紹介しています。非常に厳しい意見で「人災」とまで言われていました。

山口：ルピュサール所長に2011年末にインタビューしたのですが、所長は「原発事故に対する具体的な方策として、「メンテナンスとシミュレーション」を挙げていました。「フランスでは原発のメンテナンスは絶えず実施している。メンテナンスによって実際年数より、フランスの原発はずっと若い」と説明していたのです。

シミュレーションについては、「われわれフランス人は原発施設19カ所と原子炉58基に囲まれて生活している。さらに軍施設には核兵器用の核がある。フランスで原発事故が発生することは十分に考えられる。だから『原発事故』のシミュレーション訓練を怠らない」と述べていました。そのうえで、毎月1回、原発事故に備えて実施しているシミュレーションの内容を詳細に説明してくれました。

まず、実在の原発や原発施設が毎月1カ所、事故現場に選ばれます。次にＩＲＳＮが事故のシナリオを作成します。このシナリオを知らされていないＩＲＳＮの所員が早朝、現場に行き、そこでパソコンなどを駆使してシナリオを復元、再現します。そして安全を確保しながら、事故の進捗を阻止したり、原発の復旧を行います。

ＩＲＳＮの所員が原発事故に関し、技術的にも精通しているのは、こうした現場と密接な関係があるからです。

ルピュサールによれば、こうした訓練を毎月、行っているので、「福島の原発事故」も、「シナリオを復元、再現するように、容易に、何が起き、今後、どう進展していくかが理解できた」と言明しています。福島の原子炉はＢＷＲ（沸騰水型原子炉）で、フランスのＰＷＲ（加圧水型原子炉）とは異なりますが、基本的には同じ原理の軽水炉だから、「無理なく事故の復元、再現ができた」とのことです。

「日本ではこうしたシミュレーションを定期的に行っているのだろうか？」と述べたうえで、もし、こうしたシミュレーション訓練を実施していないとしたら、「福島原発事故は人災にほかならない」と断定していたことが思い返されます。日本はこうしたシミュレーションを実施していたのでしょうか。

フランスではこれまでツナミ（津波）の被害がありませんでしたが、気候変動に伴い、地中海に面した南仏をツナミが襲う可能性が出てきたとして、２００４年12月26日のスマトラ島沖地震から20周年の２０２４年12月26日に、海岸沿いの小学校ではツナミに備えての避難訓練をしました。ツナミ襲来時の逃げ道を記した表示も道路標識のようにすでに町のあちこちに掲示されています。このスマトラ島沖地震では死者23万人、タイやスリランカなどでフランス人観光客が多数犠牲になり、ツナミという言葉がフランス語になりました。

川口：人災というのは当事者にとって厳しい言葉ですが、人災であるならば改善の余地があるということでもあります。そういえば、前述の石川先生は、「訓練はいつも学芸会だった」とおっしゃっていました。日本人は、どこか心のなかで、「きっとそんなひどいことにはならないだろう」といつも思っています。おそらく今もそうです。

ただ、1F事故後、日本では、福島のような事故を二度と起こしてはならないという強い反省のもと、安全への取組の一つとして、「規制基準」の抜本的な見直しを行いました。新規制基準では、大規模自然災害や、設計時の想定を大幅に超える事象（シビアアクシデント）への対策を義務化したほか、テロに対して安全を図ることも求めていますね。

「処理水」の海洋放出を猛批判する中国の思惑

――福島第一の廃炉プロジェクトの最大の難所は、環境を汚染しないよう放射性物質を取り除くこと。そのなかの一つが、汚染水の処理だ。

東電によると、これは順調に進んでおり、浄化処理したいわゆる「処理水」の海洋放出が、2023年8月から開始されている。

川口：「処理水」は、これを中国が「核汚染水」だと批判し、すかさず日本からの水産物を全面輸入禁止したことは記憶に新しいでしょう。でも、日本経済新聞（2024年8月17日）によると、中国漁船が大挙して、世界でも屈指の好漁場である三陸沖に押し寄せているとか。輸入は禁じていても、自分で獲るのはOKらしい。中国人は、処理水が安全なのをよく知っているのです。多い日には一日あたり約50隻もの中国漁船が操業を続けているといいます。

2023年の5月、私は7年ぶりで福島の第一原発を見学しました。7年前は、働いている人々の表情に悲壮感が漂っていて、すれ違うたびに大きな声であいさつを投げかけあい、〝皆で頑張っている感〟があったのをはっきりと記憶していますが、事故から12年、そんなピリピリした雰囲気はすっかり消えて、福島第一はサクサクと稼働している大きな工事現場のようになっていました。

私たちの装備も前回は重装備で、建屋の近くではバスから一歩も出られなかったのですが、今回は、ヘルメットや現場用の靴、防御ベストなどは着用しましたが、バスの外にも出られ、廃虚となっている建屋の前で記念写真まで撮りました。ただ、敷地には、処理水の詰まった巨大なタンクが1000個以上もびっしり並んでいました。そんななか、ようやく今まで流せなかった処理水の海洋放出が始まったことは、大きな進歩です。

処理水とは、発電所にある放射性物質に汚染された水を、ALPS（多核種除去設備）という工場のような施設で浄化したものです。ここで放射性物質を規制基準以下まで取り除いたものを、さらに海水で希釈して海に流す。それも、岸から1キロメートルのところまで延ばしたパイプでチョロチョロと少量ずつ放出していくのだそうです。

ただ、ALPS処理水には、唯一トリチウムという放射性物質だけは残っています。しかし、トリチウムは水のかたちで存在しているので、水から取り除くことは困難です。トリチウムは水道水や雨水、海水、食べ物、人間の体内にも常に存在しているし、原発の運転でも生成されるため、どこの原発の排水にも、もちろん、必ず含まれています。

国の安全基準では、放出する水に含まれてもよいトリチウムの濃度は1リットルあたり6万ベクレルで、飲料水の世界基準は1リットルあたり1万ベクレル（WHOの規定）。東電が海洋放出しているトリチウムの濃度は、この飲料水基準のさらに7分の1で、東電の放出口から出てくる処理水と同じトリチウム濃度の水を毎日2リットル飲み続けても、被曝《ひばく》量は1年あたりで1ミリシーベルトだそうです。ちなみに環境省の資料によれば、X線CTスキャンによる被曝量は、1回で5～30ミリシーベルトです。

IAEAも、ALPS処理水の海洋放出は、「国際安全基準に合致」し、「人及び環境に対する放射線の影響は無視できるほど」と報告書で結論づけています。当然でしょう。

蛇足になりますが、興味深かったのは、敷地内でヒラメを養殖していたことです。放出する処理水と同じトリチウム濃度の海水と、その他の海水で育て、比較観察をしていました。水槽に餌を投げ入れると、トリチウムの海水のヒラメのほうが元気でしたが、これはもちろん単なる偶然。どちらのヒラメも、生育に差はないそうです。

この養殖の趣旨をかいつまんで言えば、ヒラメをトリチウムを含んだ海水に入れると、24時間以内にヒラメの体内と体外の水のトリチウム濃度が同じになる。でも、ヒラメの体内の水の濃度はそれ以上にはならず、そのヒラメを元の海水に戻すと、やはり24時間以内に、濃度はまた元の海水と同じレベルに戻るということです。もっとも、これらは別に新しい知見ではなく、過去に明らかになっていたことを確認したにすぎません。つまり、トリチウムで汚染された危険な魚があちこちに出没するなどということはありえないわけです。

IAEAが海洋生物環境研究所を視察（2023年10月）
© 代表撮影／ロイター／アフロ

処理水放出の抗議活動を行うデモ（2023年8月）
© ロイター／アフロ

ところが、これにイチャモンをつけているのが韓国と中国で、両国とも、事実とは違ったことばかり主張しています。実際には彼らのほうが、日本より高い濃度の「汚染水」を川や海に流しているのですが、この2国を相手にそんなことを言っても埒《らち》があきません。中国は、「海は日本の下水道ではない」というスローガンで、東電を強硬に非難。日本政府はこういう暴論に対しては、「より丁寧に説明を」などと言うのではなく、事実に基づいて、何百回でも同じセリフで反論すべきです。

また、２０２３年5月6日付の『現代ビジネス』によれば、ソウル市は２０２３年、日本産と思われるすべての水産物や加工食品に対し、放射能検査を行いました。結果の発表がなかったので問い合わせたところ、すべてシロだったため発表をやめたとか。案の定です。それどころか韓国の野党は、ＩＡＥＡが東電の処理水にお墨付きを与えたことも気に入らなかったらしく、ＩＡＥＡのグロッシ事務局長がソウルに滞在した間、執拗な嫌がらせを続けたと、『朝鮮日報』の日本語版が批判的に報じていました。ＩＡＥＡは国連の国際機関ですから、これは完全にスキャンダルものです。

なお、「意外にも」というか、「やはり」というか、実はドイツも福島の処理水の海洋放出にはイチャモンをつけています。２０２３年、福島第一を視察した緑の党のレムケ環境相は、「処理水の放出は歓迎できない」というコメントを出しました。これはドイツの原発嫌いのあらわれで、科学とは別の話です。「なぜ、歓迎できないのか」、「だったら、どうすればよいのか」と、日本側はちゃんと問い詰めるべきでした。

――トリチウムが海洋に放出されて海を汚染するといった批判だが、トリチウムという放射性物質は、仮にその水を飲んだとしても体内に留まることはなく、体への影響は極めて少ない。

中国や韓国の原発は、我が国の何倍もの量のトリチウムを海に放出している。

福島第一１号機 提供：東京電力ホールディングス

アルプス処理水タンク 提供：東京電力ホールディングス

福島第一の変遷

1号機　事故当時（左）現在（右）提供：東京電力ホールディングス

2号機　事故当時（左）現在（右）提供：東京電力ホールディングス

3号機　事故当時（左）現在（右）提供：東京電力ホールディングス

4号機　事故当時（左）現在（右）提供：東京電力ホールディングス

第4章

もし原発がテロや戦争で攻撃されたら

震災後、日本の耐震設計は“想定以上”に高かったことが判明

――ウクライナ南部のザポリージャ原子力発電所をロシア軍が占拠した現実は世界に衝撃を与えた。もし原発を弾道ミサイルで攻撃したとしたら、それは核兵器の投下と同じ破壊をもたらすかもしれないからだ。2025年1月現在、そうした最悪な事態は起きていないが、原発を抱えることのリスクとその防衛対策は国民の関心事だ。

1F事故を起こした日本だからこそ世界に伝えられる事故対策や教訓も多いだろう。

川口：1F事故の教訓としてもっとも重要なものの一つは、「全電源喪失」を起こしてはいけないということでしょう。そのため、事故後、各発電所では、電源車の配備や、非常用電源や配電盤に水が入らないようにする「水密化」など、電源設備の強化対策が進みました。予備の配電設備なども追加されています。

一方、耐震設計については、「国会事故調（国会事故調査委員会）」は、事故前に1号機に不備があった可能性を挙げ、「安全上重要な機器の地震による損傷はなかったとは確定的には言えない」としていましたが、一方で原子力規制庁は、「地震による安全系の機能に大きく影響するような損傷はなかった」と言っています。

山口：仏紙『ルモンド』も「日本の原発施設は理論上、マグニチュード７の地震に十分耐えられるように建設されている。しかし、３月11日の地震は８・９だった」「日本政府は２００６年に地震に対する原発の耐震構造の強化を指令していた」と述べ、地震大国にもかかわらず、東電が十分な耐震対策を立てていなかったとして、怒りをあらわにした記事を書いています。

川口：これに対し、前述の石川迪夫先生は、国会事故調の報告は極めて恣意《しい》的な歪曲があると真っ向から否定しています。１号機の配管破断が疑われる証拠は何もなく、他の14基も、津波による被害はあるものの、原発の安全上重要な設備に地震による被害はない。なぜ１号機だけが疑われるのか「まったく不思議な話だ」と。

事実は、地震の後、津波が到達するまでの約10分間、１号機は正常に停止し、冷温停止に向かって円滑に作動していました。データはすべてが正常で、地震被害を示すデータも兆候も、何ら記録されていません。

日本は１９７５年ごろから、アメリカに耐震設計手法を学んだといいます。その結果、建造物は地震に対して非常に堅牢となり、東日本大震災では、15基の原発のすべてが、想定以上だった「マグニチュード９」の地震にも耐えたのです。この事実が過小評価されています。

――川口さんは、１Ｆの事故後、実際に東北電力の女川原発を見ておられる。

川口：３月11日の東日本大震災のときは、13・６メートルの津波が押し寄せたといいますが、女川原発の主要な建物が建設されている敷地の高さが海面から14・8メートルということで、特に大きな被害はなかったとのことです。

むしろ震災後、発電所は約3カ月間、住民約300人の避難場所になっていました。

また、その後、防潮堤も海抜29メートル（高さ15メートル）にかさ上げしたということです。

いずれにしても、事故を起こした1Fと同じBWR型の女川2号機が再稼働を果たしたことは、時間がかかったとはいえ、大きな意義がありますね。

住民を「強制避難」させた政府の誤算

川口：放射線量の上昇から住民を避難させた件ですが、当時の日本政府は2011年3月11日19時3分に原子力緊急事態宣言を発令しました。そして、21時23分に半径3キロメートル圏内に避難指示を出していましたが、翌12日の5時44分には原発事故のため、避難指示を10キロ圏内、さらに18時25分には20キロ圏内に拡大しました。福島県の推定によれば16万人が避難したといいます（2011年5月時点）。

ただ、「ICRP（国際放射線防護委員会）」が勧告した避難線量値は年間20〜100ミリシーベルトですから、20ミリシーベルトを採用すれば、その後の14日に行われた深夜の避難は必要なかったし、100ミリシーベルトを採用していたら、その後の避難区域も激減したはずです。インフラも早期に復旧したでしょう。でも、住民の気持ちを考えれば、そういうわけにはいかなかったというのもよくわかります。

では、福島で実際に測定された放射線量はどうだったかというと、二度にわたって上昇しています。一度目は、12日午前4時ごろに平常時の約0・3ミリシーベルト／年～約20ミリシーベルト／年に上昇。二度目は、事故から4日目の14日22時ごろに1500ミリシーベルト／年に再上昇しました。

最初の放射線量上昇は、1号機、3号機から放出された放射能によるものですが、これはSCベントを通過して出ました。その放射線量の主体は、1号機溶融炉心からの直接の漏れと考えられます。

二度目の上昇は、主として2号炉心からの直接放出によるもので、こちらはベントができなかったために、格納容器の損壊部分から高濃度の放射能が放出されました。

このことから明確にわかるのは、ベントの効用です。SCベントさえ正常に働いていれば緊急避難の必要はなかったことが、論理的に証明されたのです。

日本学術会議によれば、病院の入院患者や介護施設にいた方のうち、この緊急避難のために避難先で亡くなった方は、少なくとも60名にのぼるといいます。

山口：『ルモンド』は夕刊紙なので、12日発行の紙面で一報を報じましたが、「(11日)午後5時30分ごろ、福島地方の住人に外出を控えるようにとの屋内退避命令が出された」と報じています。

次いで、「その数分前に原発施設で爆発が発生した。爆発した東京電力株式会社所有の福島第一原子力発電所の建屋の屋根と壁が崩壊した。火災の発生が宣言されたが、どの施設の火災かは不明だ」と述べ、事態の重大さに比較して、当局の発表のあいまいさぶりに、同紙の東京特派員（この記者は約半世紀以上の日本滞在を誇るベテラン記者）が、苛立っている様子がうかがえました。

ASNによると、日本の外務省の担当官は3月14日、横田基地の在日米軍からの要請を受け、「SPEEDI」を米軍に送付したことを証言しています。「SPEEDI」とは原子力安全技術センターが文部科学省の委託を受けて実施している放射性物質の拡散を予測するシステムのことです。

その米軍に送付された資料は放射性物質の流れなどに関して、ほぼ正確に予測していたといいます。ところが、のちに判明したのは、菅直人首相をはじめ、日本の首脳部にはこれが届いていなかったのです。

ASNは、米英などから、具体的にどういう内容の情報を得たかは明らかにしていませんでしたが、こうした資料がフランスにも流れた可能性は高いと思います。

事故後、全原発にフィルタベントの設置が義務化

川口：放射性物質を原子炉外部に放出するフィルタベントは、最終手段と考えられてきたものです。前述したように、原子炉格納容器は放射性物質を閉じ込める最後の障壁であり、日本には非常に頑丈なものを造る技術があります。ただ、万が一、格納容器内の圧力が高くなって冷却注水ができなくなったり、破損したりということを防ぐために、最後の手段として備えられていたのがベントです。

ところが福島事故が示したベントのデータは画期的だった。格納容器を頑張らせるより、早い時期にベントを開いて内部の放射性ガスを放散するほうが、放射線被爆の量が少ないことがわかったのです。しかもベントを早期に開放すれば圧力容器内の圧力が下がり、炉心への冷却水注入にとっても有利です。圧力が高過ぎると水が入っていきません。それがわかったから、

1F事故後、全原発にフィルタベントの設置が義務づけられました。

前述の奈良林直教授は、このフィルタベントの開発、及びその効用の周知に尽力しておられ

ますが、氏の監修された解説本、日本機械学会編『フィルタベント』(ERC出版)によれば、「放射物質の除去能力は、粒子状物質を99・99%除去できる性能を有している」とのこと。さらに、子供に影響が大きい放射性ヨウ素も除去できるといいます。また、格納容器の圧力で水蒸気はフィルタに送られますから、電源もいらない。それどころか、最新のベントの除染効果は1/10万にも達するそうです。

つまり、福島事故の測定最大である年間1500ミリシーベルトも、このベントを通せば、年間0・015ミリシーベルトにまで下げることができるのです。これは、東京とニューヨークを飛行機で1往復したときに被爆する量よりも少ない。

ものすごい勢いで原発を増やしている中国にこそ、最新のフィルタベントをつけてほしいと思います。

福島第一の廃炉工事は40年では終わらない

川口：前章でも少し言及した廃炉のことですが、石川迪夫先生によれば、40年後の廃炉完了という政府計画がうまくいくと考えている専門家はいないだろうということです。

廃炉工事が特殊で危険なのは、いうまでもなく放射能があるからで、それさえ完全に取り除ければ、原子力施設とて通常の建物の解体作業とさほど変わらない。しかも原子炉の放射能はその99％以上が燃料棒の中にあるそうで、その燃料棒を原子炉から取り出す作業自体は、毎年行っている燃料交換作業と同じなので「比較的簡単」だと言います。ただ、逆にいうと、福島第一のように、核燃料の状態もその在りかも不明な状況だと、廃炉は一気に難易度が上がる。

現に1979年に事故が起きたスリーマイル島原発の廃炉工事は、45年が過ぎてもまだ終わっていません。というか、廃炉に取り掛かったのが、事故後15年も経ってからのことで、しかも、取り出したのは炉心のすべてではありません。放射能値が高いので、その後は手をつけていないし、いつ手をつけるかもわからないとか。無責任なのではなく、急ぐ必要を認めていないからです。放射線の高いところで無理して作業をすると、作業員の安全が損なわれるため、放射線が漏れないようにきっちりふたをして放って置くのが一番という判断でしょう。

炉心溶融事故を起こした原子炉施設で廃炉工事を完了した事例はたった一つしかないそうです。1961年に事故が起きたアメリカのSL－1原子炉だけ。ただこれは福島第一とは放射汚染も規模も違うので比較の対象にはなりません。

事故当初から廃炉工事を考えていないチェルノブイリも参考外です。福島とは違い、一帯の汚染地域は除染もせず、そのまま立ち入り禁止にして放置していました。土地はほかにもたくさんあるから、除染などにお金をかける気はさらさらなかったわけです。そして、発電所から30キロメートルの範囲の住民を強制疎開させて、壊れた原子炉自体は、通称「石棺（サクロファス）」と呼ばれる覆いを原子炉建屋にかぶせていました。ところが、その石棺の老朽化がひどく、しようがないのでEUや日本などがお金を出して、その石棺をさらに上から覆うかまぼこ型の巨大シェルターを造りました。目的は、放射能をさらに百年間ほどここに閉じ込めておこうというものです。そればかりか、今では事故原発見学のツアー客を呼び込んで、なんだかテーマパークみたいになっているようです。

また、イギリスのセラフィールドの原発では、炉心溶融が起きたのは1957年ですが、廃炉を終えるのは、おそらく今から百年後。実は、まだ、取り掛かってもいません。こちらも急いでいません。

ところが福島では、4基もやられ、炉の中の様子もおそらくめちゃくちゃな状態なのに、事故後15年をめどに溶融炉心を取り出し、40年後に廃炉を完了するという青写真を組んだのです。事故の混乱が終息していない2011年の12月、政府と東電が共同でつくった青写真ですが、これがいかに無謀であるかは、今、私が挙げた例を知れば素人でもわかります。なぜ、他国の事例をここまで無視できたのか。あるいは、ぐずぐずするなと言われるのが嫌で、40年と言ったのか。もし、そうなら、あまりにも無責任ではないでしょうか。

これは日本人の潔癖な性格に起因していると思われます。壊れた核燃料という厄介なものを何十年も置いておくなど、想像することさえおぞましい。一刻も早く、片付けてしまいたい。50年先なんてとんでもない。日本人はもともと、長期計画があまり好きではありません。

前述のSF作家の豊田有恒氏は、「それはもしかしたら神道のせいかもしれません。この世には清らかなものと穢《けが》れたものがある。穢れたものには禊《みそぎ》をしてきれいにしなければ気がすまないのです」と言っています。一理あると思います。だから、「禊も終わらないのに再稼働とは何事だ！」となるのです。

でも、石川先生は警告します。そもそも「廃炉」という言葉が、解体撤去と同意語になっていることが間違いだと。「解体撤去を急げば、いきおい人海戦術に頼らざるを得ず、その副産物として、膨大な人件費と無用な作業員被曝を伴う」。

しかも、政府の青写真には、取り出した放射性物質の処分場はおろか、仮置き場所の名前すら示されていない。「処分場がなければ廃炉工事は開始できない。工事を強行しても、現場は廃棄物でふん詰まりとなり、工事は中断する」と石川先生は断言しています。

フランス核施設解体現場公開の思惑

山口：原発用の施設ではありませんが、2009年夏に、フランスが核兵器製造に使用していた施設2カ所の解体現場を内外の報道陣約20人に初公開したことがあります。私も招待されて取材しました。仏中南部ドローム県ビエルラットの旧濃縮ウラン製造施設と、南部ガール県マルクールの旧プルトニウム製造施設です。行き先は到着するまで未発表でした。国防省が用意したバスで、早朝にパリ7区のエコール・ミリテール（士官学校）から出発しました。

フランスは第四共和制時代に核兵器の保有を決定し、第五共和制時代の1959年に米ソの二大核保有国に対する「国家防衛」との認識から、核実験に必要な濃縮ウランの製造に踏み切った経緯があります。

ただ公開といっても、老朽化した外観も含めて、写真撮影は一切禁止。代わりに、記者団に同行したCEAのカメラマンが建物の外観から巨大な原子炉がそのままの形で残存している内部の様子などを撮影して、見学後に記者団に配布してくれました。いうまでもなく原発施設関係は〝国家機密〟です。

解体施設現場では、記者らはヘルメットに放射線防護服、靴も特製のカバーで覆うという〝完全装備〟。見学が終わったところで、体重計のような大型ガイガーカウンターで被曝線量を計ってくれましたが、当然のことながら、針も動かないくらい微量中の微量でした。

旧濃縮ウラン製造施設の場合を紹介しますと、解体施設現場の内部は薄暗く、防音壁を通して聞こえてきたのは、圧搾機が鉄骨などを粉砕するすさまじい騒音でした。

広大なホールには、「微量の放射能を含む廃棄物」を入れた白色の特殊なゴミ袋が大量に置かれていました。解体作業が終了した時点で、約2万トンのこれらの廃棄物は仏北西部の秘密の場所に厳重に保管されるということでした。発表された廃棄作業の総費用は当時の金額で約6億ユーロ。

同施設は1964年から1966年に稼働を開始し、1996年1月の核実験終了と同時に解体が決まりました。実験終了の時点で、「核抑止力に必要なウラニウムもプルトニウムも十分にある」と判断したからだということでした。フランスの国防の要の「核抑止力」は核弾頭約300個によって成り立っているので、米露の約5000個に比較すると格段に少数なので〝張り子のトラ〟と言われていますが、この核弾頭製造に必要なウラニウムもプルトニウムも十分に確保できている、というわけです。核爆弾の寿命は約40年です。シラク大統領が1995年に核実験の再開に踏み切ったのもこの寿命を踏まえて「確実性と信頼性、安全性の保障のため」と説明しました。いざ、使おうとしたら使えなかった、ということを回避するためです。また、「国家の最終的利益とフランスの独立のための決意」とも表明しました。

一方、マルクールのプルトニウム製造用の原子炉G1が建造されたのは1955年。G2、G3も順次、建造されて稼働を開始しましたが、この3基も2006年までにすべて運転を停止し、数年後には解体作業の開始が決まっていました。

巨大な原子炉の撤去や廃棄は放射能を大量に含んでいるため、容易ではありません。公開された施設でも、原子炉自体の解体作業が開始されるのは、放射能が危険でない状態にまで削減される2020年ということでした。原子炉の解体作業の完了予定は2035年で、こちらの総費用は約5億ユーロ(当時)だということでしたが、現在では価格は高騰していると思います。

この施設公開の思惑はもうひとつあったと思います。サルコジ大統領(当時)は、バラク・オバマ米大統領(当時)が同年4月の北大西洋条約機構(NATO)首脳会議直後にプラハで行った演説で、「核のない世界」を呼びかけたとき、「米国はまず、包括的核実験禁止条約(CTBT)を批准《ひじゅん》すべきだ」と不満をもらしています。条約は規定で44カ国が批准しない限り発効しませんが、当時、アメリカをはじめ9カ国は未批准だったからです。

パリ在住の内外記者団への解体施設の公開は、フランスが核軍縮で指導的立場を示したいという野心のあらわれであると思います。米国の『ニューヨークタイムズ』など主要メディアのパリ特派員が数人、参加していました。

このときのNATO首脳会議（2009年4月）でフランスが1964年に離脱したNATOの軍事機構に復帰しました。ただし、軍事機構のなかでの「核計画グループ」には復帰していません。あくまでも「核の独立」を厳守するためです。

福島第一原発を国際的な研究所に

川口：石川先生も提言されていたのが、廃炉工事と並行して、「放射能が高く帰宅困難とされている地域の、陸と海の一定範囲を区切って特区とし、国際的な研究所にする案」です。宇宙ステーションのように、各国から研究テーマを募り、原子力に限らず森羅万象すべてについて、放射能に関する自由な研究を実施する。あるいは、放射能が高いのに、なぜイノシシが増えるのか、そのイノシシは癌に罹らないのか、体内の放射能が1000倍も高い魚の生育状況はどうか、それを餌にしている鳥はどうかなど、地元の人たちが関心を持つようなこともどんどん研究する。

放射能の研究に関するものは何でも研究できる場所にすれば、これまで敬遠されがちであった放射能の人体や農作物への影響なども具体的に検証されることになります。こうして冷静な分析結果が提示されることにより、無用の放射能アレルギーを和らげる。東電の廃炉作業は、この研究所と並行して、同じ研究者仲間として進めていけば志気も高まるのではないでしょうか。

――福島第一の廃炉に関する知見・教訓の国際社会への共有は、すでに行われているものもある。また、廃炉に向けた取組の進捗については、IAEAのレビューミッション（評価派遣団）が6回訪れて、それぞれ報告書が作成・公表され、IAEA総会でも、廃炉状況や情報を定期的に提供している。

川口：将来は、こうして各国の研究者が集まることによって透明性が確保され、日本への不信感も払拭《ふっしょく》できるでしょう。海外からの研究者を受け入れやすくするため、特区にヘリポートを設ければさらに便利になります。福島は風光明媚《めいび》で、海の幸も山の幸も豊富なところですから、負のイメージが取り除かれれば、外国人研究者も喜んでやって来るに違いありません。福島がもう一度有名になる。今度はプラスのイメージで。こっちもテーマパークにすればいい。

山口：2015年に、私が福島を訪問したときは、まだ、そこまではできていませんでしたが、将来そうなることを期待しています。

――福島にある1Fの廃炉に向けた研究・国際協力施設としては、その後国内外の英知を結集する拠点として、放射線モニタリング、環境動態などの研究開発を行う「廃炉環境国際共同研究センター（CLADS）」、遠隔操作機器、装置の実証試験などの供用施設の「楢葉遠隔技術開発センター（NARREC）」、放射性廃棄物、燃料デブリの分析・研究を行う「大熊分析・研究センター」ができた。

また、福島の現状は、帰還困難区域を除き、除去土壌などの中間貯蔵施設への搬入は2022年3月までに概ね完了し、仮置き場の原状回復を実施中。帰還困難区域では、2023年11月までに特定復興再生拠点区域の避難指示がすべて解除され、2023年12月から特定帰還居住区域の除染に着手した。

県内の空間線量率は大幅に低下し、現在では他の主要都市とほぼ同水準になっている。

フランスの原発は何度もテロの対象になっている

山口：フランスの原発はブルターニュ地方の独立を目的とする過激派グループ、ブルターニュ解放戦線（FLB）から、1975年8月15日に前述したブレニリ原発がテロ攻撃を受けております。施設内に侵入され、2個の爆発物によって水槽タービンが被害を受け、電話室も破壊されました。このテロ攻撃も同原発の廃止に踏み切った理由の一つでした。

FLBは、それまでも〝フランス国家〟を象徴する県庁や軍の駐屯地など約30カ所にテロ攻撃を実施していた過激派組織です（1963年に創立、1966年からテロ活動を開始。1981年に休戦を宣言。その後、単発的な活動に留まっている）。なかでも失敗に終わったものの1978年のヴェルサイユ宮殿への攻撃で知られています。FLBによる原発へのテロ攻撃は容易に想像できたことでしたが、まさか「原発を狙うはずはない」という一方的な先入観によって、有効な防衛手段がとられていませんでした。

当局も含めた国民全体に、「エネルギーの独立」の基本である「原発」は「聖域」との認識が刷り込まれていた証左であるとともに、だからこそ、まさかテロの対象になるとは考えも及ばなかったのでしょう。

FLBは1979年にまたもや、同原発の施設入り口の高圧線用の2つの鉄塔を破壊しました。その結果、電気が供給不能になり、原発の運転停止を余儀なくされました。これはテロリスト・グループが「原発」を機能不全に陥らせた世界で最初の事件でした。このテロ攻撃がもし、カラシニコフ銃などの重装備を備えたイスラム教過激派の「イスラム国（IS）」やアルカーイダ系のような国際的テログループだったら、どういう結果になっていたか、想像するのも恐ろしいです。

また、テロではありませんが、第2章で前述したグリーンピースの「反原発」運動は、「原子炉」占拠という過激な方法でも展開されたことがあります。

「福島の原発事故」後の２０１１年12月に、「安全な原発は存在しない」との標語を抱えて、仏中部のノジャン・シュル・セーヌの「原発」に侵入した事件です。

その日は活動家９人が午前６時の早朝から侵入を開始。グリーンピースによると、電気網による防護塀など４カ所の〝関門〟を容易に突破しました。この間、誰何《すいか》されることは皆無だったそうです。最後は２基ある原子炉の１基の屋根にのぼり、「安全な原発はない」との垂れ幕を下げるのに成功しました。

「侵入」の一報を受けて、午前９時ごろには憲兵隊の特別部隊や対テロ用の治安介人部隊（ＧＩＧＮ）も駆けつけ、活動家９人は抵抗せずに逮捕されています。ＥＤＦは原発の運転にはなんら影響はなかったと発表しました。ベンソン産業相（当時）は、「侵入が事実なら、機能不全があったということだ」と述べ、治安対策の不備に不満を表明。また、サルコジ大統領（当時）も、「教訓を引き出せ」と警告しました。

ＥＤＦは、「彼らが侵入した様子は逐一、監視カメラで追っていた」と弁明しましたが、それでは、なぜ、原子炉のある場所まで侵入を許したのかの問いには答えていません。

この原発施設は首都パリにもっとも近いところにあるだけに、もし、本物のテロリストの襲撃だったとしたら、首都の大混乱は避けられない状況でした。また、週末に警備が薄くなるという、いかにもフランス的状況も露呈されました。

グリーンピースの狙いも、まさにこの2点にあったわけです。グリーンピース側は、原発施設数カ所も同時に侵入を図ったがそちらは成功しなかったと発表しました。

一般国民の反応は、グリーンピースの「侵入事件」に関し、彼らの「反原発」運動の歴史が長く、種々の示唆運動を行っていたせいか、「驚いた」は43％で、「驚かない」が53％と過半数を超えていました。

原発の「安全設計」を「原子力の安全」と取り違えてきた日本

川口：テロや災害から原発を守ることにあたって、石川先生は日本の問題を、「安全設計」＝「原子力の安全」と誤解してきたことにあるといいます。石川先生は「安全設計」＝「原子力の安全」の相違をわかりやすく解説するために交通安全で例えています。

すなわち、安全設計とは「良い自動車を作る」ことであり、テロや災害から原子力の安全を確保することは、「自動車が走る基盤となる道路標識、ガソリンスタンドの適正配置などを含めた社会全体にわたる交通安全」だと言います。ところが日本は後者のことを考えずにひたすら車の性能を上げることに熱中してきた、と。

本当にそうでしょうか？　福島第一の場合は、電源が水に浸かるところにあったのは、「安全設計」か「原子力の安全」、どちらに瑕疵があったのでしょう。はっきりいって「安全設計」のほうも不完全だったのではないでしょうか。

原子力の安全は、警察や消防、海上保安庁、自衛隊などと連携して初めて達成されるものですが、皆がそれぞれに脇が甘かった。それは私たち国民にもいえることだと思います。

日本の原発の防衛能力は大丈夫か？

川口：日本では、原子力発電所のテロ対策は電力会社の自主保安で実施してきましたが、「新規制基準」では、既存・新設を問わず、テロリズムなどの犯罪行為も想定した厳しい対策を事業者に要求しているといいます。その点、フランスではどうですか。

山口：フランスの場合、原発の安全性の問題への対応に関しては、次のような3点があります。

①それぞれ独立した4つの冷却装置があり、原子炉が事故などで運転停止した場合に備える。

②2つの離れた分厚い遮蔽壁によって原子炉部分が隔離されている。

③原子炉の溶解やタンクの穿孔《せんこう》が起こった場合、発生するコリウム（炉心溶融物）——日本

ではデブリと言われているもの——を除去するシステムがある、など。

ＥＰＲもこの3点を中心にチェックが行われました。ＥＰＲは「新型原子炉」とも呼ばれ、〝未来型〟が強調されていますが、従来の原発同様に、「加圧水型」のうえ、燃料もウラン２３５や「ＭＯＸ」を使用しているので、まったくの「新型」とはいえません。「刷新型」だが、「革命的」な原子炉でもありません。

仏電力公社（ＥＤＦ）は米中枢同時テロなどを教訓にＥＰＲの場合、テロ攻撃や航空機の墜落事故などにも十分に対応できるように原発の建屋を堅牢な分厚いコンクリートで遮蔽しています。ただし、このコンクリートの成分などに関しては「国家機密」として公表を拒否しているので詳細は不明です。

——日本では電力会社ごとにテロ対策がとられている。

たとえば、新規制基準では、意図的な航空機衝突への対応が追加された。再稼働後のプラントは、原子炉建屋への故意による大型航空機の衝突、その他のテロの発生後、発電用原子炉施設の外からの支援が受けられるまでの間——少なくとも7日間は、使用できるものであることが要求されている（原子力規制委員会「実用発電用原子炉に係る新規制基準の考え方について」）。

また、移動できるポンプや電源をあちこちに分散して配備し、スムーズに移動できるよう道路や通路を確保している。加えて、機器の同時損傷防止、テロリスト等の侵入防止などの対策も強化された。

川口：ウクライナのザポリージャ原発の教訓はテロどころか、戦争になった際の、原発への弾道ミサイル攻撃の脅威です。これまで日本は、外国からの武力攻撃自体を想定していませんでした。実際、原子力規制委員会の更田豊志《ふけたとよし》委員長は原発の安全審査について「二国間の紛争による武力攻撃は想定していないので対策を要求していない」と言っていました。戦時の非戦闘員の保護を定めた国際人道法「ジュネーブ条約」で原発への攻撃を禁止していることを過大評価して安心していたのです。

その証拠に、日本の原発では物々しい警備というのは見かけません。このごろドイツでは、テロの危険が高まっていることもあって、クリスマス・マーケットでさえ重装備の警官が2人組でライフルを持って歩いているというのに。

元陸上自衛隊陸将補の矢野義昭さんは、アメリカは米原子力規制委員会（ＮＲＣ）が一元的な警備基準をつくり、州兵や民間警備会社の従軍経験者が守る場合が多いといいます。

日本で警備が甘いのは、そんなことをしたら国民が原発を怖がるという理由でしょうか？もしそうなら本末転倒ですね。これについては、日本は直ちにアメリカを見習うべきです。

第5章

「再エネ」推進で突き進む〝中国依存〟

電気の同時同量が崩れると大停電が起きる

――川口さんの著書には再生可能エネルギーについての考察が多い。ドイツではいったい何が問題なのか。

川口：はじめに電気についての基本的な知識から話をさせてください。

電気を供給する送電線は、効率的に電気を送るため、電圧を変えて電気を送りますが、この電気を送る電力網を「系統」といいます。なかでも、もっとも高い電圧で長距離を運ぶ送電線が「基幹系統」です。ドイツでは、「送電線のアウトーバーン」などと呼んでいます。

電気は水や石油のように貯めておくことはできず、いま必要な量を、いま生産しなければなりません（同時同量）。このバランスが崩れてしまうと電力系統の周波数が乱れ、電気が多過ぎても、少な過ぎても、大停電が起こる可能性があります。それを防ぐため、電力会社では様々な調整をして、瞬時に供給量を需要に合わせています。

しかし、これは、ドイツでも日本でも、国民にはほとんど理解されていません。電気が足りないと困るということは広く認識されているけれど、電気が余ったとき、つまり、需要を超えた量の電気が送電線に流れ込んだときにも様々な弊害が起こることは、あまり知られていません。その場合の弊害というのは故障や火災を起こすことで、それを防ぐために、自動制御で送電が次々に切られていきますので、結果的に大停電になることがあるのです。

発電量を常にリアルタイムで需要量に合わせるという作業は、前々から系統を管理している会社が責任を持ってやっていたことです。ドイツでは、4つの系統管理会社があります。

日本でも、電力の自由化以前は、電力会社がやっていたのですが、今はうまくいかないことが多くなりました。その理由はあとでお話しします。

いずれにせよ電力会社は、需要量に合うような発電計画をつくらなければなりません。考慮するのは、まずは気候です。夏、冬といった大きな気温の変化、梅雨冷えや寒気団の到来などもう少し短期の気候の変化、そしてリアルタイムの日々の天候などを考慮して計画しています。ドイツは寒い国なので、冬は暖房の需要が大きい。日本は冬だけでなく、夏も冷房で電気の需要は増えます。

その次に大きなファクターは社会活動。特に公共交通の発達した都市では、人々の通勤が始まる時間帯から急激に電気の需要が増え始め、工場が稼働するとさらに上がり、お昼ごろに一旦、減って、また午後に増えてと、絶えず変化します。日本の場合、夏、皆が帰宅し、クーラーをつけて夕飯の支度を始めると、電気の需要はまた増えます。でも、このリズムは、土日や祝日にはもちろん崩れます。また、オリンピックやサッカーWCの日本戦が夜中に行われたりすると、普段なら存在しない〝山〟がポッコリとできるので、そういうことまで考えて発電計画がつくられ、リアルタイムで発電指令が出されます。

ところが、太陽光や風力などの再生エネルギーの発電量は季節や天候の変化に左右されます。今後、再エネを主力な電源にしていくためには、不安定な発電量をカバーすることができる別の電源の確保が常に必要になります。

発電量を需要に合わせるのが難しい再生可能エネルギー

川口：ところが今、ドイツでも日本でも、その、不安定な発電量をカバーするという作業自体がものすごく困難になっています。再生可能エネルギーが増え過ぎてしまったからです。

大量の風力電気が気まぐれに発電したり、やめたりを繰り返すし、そのうえ、お天気がいいと、そこにやはり気まぐれの太陽光が加わるのですから、自動制御では到底間に合わず、人間の介入で対応せざるをえないのです。そして、ドイツではそのためのコストが、2022年は42億ユーロ、2023年は前半だけで16億ユーロにも及んでいるということです。2022年が極端に高いのは、足りないときに立ち上げたガス火力のガス代が高かったからでしょう。いずれにせよ、まさに綱渡りの状況だし、もちろん、支払っているのは何も知らない国民。日本も同じですよね。

ドイツも日本も、こうなってしまったのは電力の自由化の影響も大きいと思います。なぜかというと、電力の自由化に、供給力を持たず取引市場から電力を買って、右から左に流すだけの新電力会社が雨後の筍《たけのこ》のようにできたからです。当時ドイツでは700社ぐらいありました。しかも、彼らは、電力のバランスなど考えないし、送電線の管理にもタッチしない。だから「タダ乗り」などと言われているのです。

蓄電池技術はまだ途上

川口：電気は貯めておけないという話をしてきましたが、実は揚水発電所は自然の蓄電池です。他の電源の電気が余っているときに、その電力で下のダムの水を上のダムに汲み上げておいて、いざ電力が必要というときにそれを流して発電する。電気需要の少ない夜間に、たとえば原発の安い電気を使って水をダムに揚げ、翌日のピーク時にそれを使って発電すれば非常に合理的です。原子力の場合、燃料コストが全体に占める割合は1割以下ですし、つけたり消したりするには不向きです。一方、ガスはつけたり消したりはできますが、燃料コストが高い。

ところが、今、日本では原発の再稼働が進んでいないため、高い火力発電で揚水をしており、採算が合わないのです。

特に夏場、九州電力など、管内の太陽光発電が増え過ぎてしまうところでは、系統をパンクさせないために、昼間の高い電気で揚水して、急場をしのいでいました。しかも、次の日、また電気が余れば、ダムが満杯では困るため、仕方なく夜中の安い電力料金のときに、水を落として発電に使う。このコストが結局は電気代にのり、国民に跳ね返ってくるのです。

増えすぎた再エネ電気への対応として期待されているのが、蓄電池です。「エネルギー白書2023」によると、日本政府は全固体電池の研究開発を支援し、2030年ごろの本格実用化と、次世代電池の市場獲得を狙っているといいます。一方の電力会社も、余剰電力の対策として、リチウムイオン電池やNAS電池等の実用化を模索中です。しかし、いずれもまだ実証試験の段階で、コストをはじめ、様々な課題が山積みのようです。

実は、2017年、イーロン・マスクのテスラ社が、南オーストラリア州の砂漠の真ん中に、同州と共同で、世界最大のリチウムイオン蓄電施設を建設しました。名付けてメガバッテリー。

山手線の内側よりも広い面積の土地に99基の風車を立てて、その風力電気を、やはり広大な土地に並べたメガバッテリーに貯める。バッテリーの仕様は基本、テスラの車に使われているものと同じだそうです。

工費9000万豪ドル（約87億円）で、技術はテスラ、運営はフランスの会社。軌道に乗るまでは茨の道だったようですが、2022年12月には、11日間近く、メガバッテリーに貯めた電気だけで全州の電気を賄えたといいますから、これは将来に向けての朗報です。

ただ、この南オーストラリア州というのは、人口180万人で、土地の面積は日本の2・6倍。土地と太陽は十分にあるけれど、産業はほぼ農業だけ。こういうハイテク工場も鉄道もろくにない地域と、ドイツや日本の都市を一緒に比較するわけにはいきません。オーストラリアにできたのだから日本でもできると思う人は、よほどの早とちりです。それより私は、日本の発明である全固体電池のほうに期待しています。ゆめゆめ、どこかの国に盗まれないよう、頼みますよ、と言いたいですね。

見習ってはいけないドイツの再エネ法

川口：ドイツで「再エネ法」が制定されたのは、2000年。ゲアハルト・シュレーダー氏のSPD（ドイツ社会民主党）が、緑の党と連立した政権のときでした。以後、これが環境大国を自認するドイツの誇ってやまない法律となります。

再エネ法の要は、再エネ電気の買取り制度です。再エネ電気は、発電した分の全量が、20年間にわたって固定価格で買い取られると決められました。しかも、その電気は、優先的に卸電力市場に売却され、電気が余ったときは、再エネ以外の電源から止めていく。さらに送電会社には、再エネ電気を受け入れるための十分な送電系統を整備することが義務づけられました。要するに再エネ電気だけが、需要と供給の市場原則から切り離され、特別待遇を受けることになったのです。

これにより、再エネの発電施設はうなぎ上りに増え、2025年1月1日の発表では、現在、太陽光パネルの数は、340万枚だそうです（連邦統計庁）。何しろ、電気が必要とされているかどうかなどまるで関係なしに、発電しただけ固定値段ですべて買ってもらえるのですから、発電するほうにとってはこんないい話はありません。そんなわけで、連邦統計局の発表では、2024年4月に設置された発電の容量は8万1500メガワット。もし、お天気がよければ、これだけでドイツの需要を超えてしまうことになる量です。もっとも、残念ながらというか、運よくというか、ドイツはあまり太陽が照らないので、フル稼働はあまりない。ただ、投資したのは、屋根の上に太陽光パネルを付けた個人だけでなく、当然、大企業も、また、地方自治体も、大規模なメガソーラーやウィンドパークの運営にこぞって参加しました。既存の電力会社さえ、儲けを他人にばかり取られて、自分たちはそのための送電線の管理や、電力調整ばかりやらされるのは割に合わないということで、やはり再エネ業界に参入しています。

しかし、ドイツ国民は、再エネ活況の恩恵に与《あずか》れていません。なぜなら、高く買い取られた再エネ電気が、安い市場値段で売りに出されれば、当然、欠損が生じます。その欠損分が、「再エネ賦課金」として丸々国民の電気代にのせられていたからです。「いたから」と過去形で書いたのは、2022年の7月に、これが廃止されたからです。なぜかというと、この再エネ賦課金があまりにも高額になり、しかも、これからさらに高額になることがわかったため、国民の抗議を恐れて、廃止したのです。以後は、税金から支払っていますから、国民が負担していることには、何ら変わりはありません。ただ、はっきりと目には見えなくなっただけのことです。ドイツでは、こういうトリックが非常に多いのです。

日本も同様で、再生可能エネルギーを普及させるために家計や企業が負担している「再エネ賦課金」は、始まった2012年7月から10年間だけで約19兆円にものぼりました。当然電気料金は値上がりしています。

なお、この再エネ賦課金には、再エネ買取だけでなく、再エネ振興のための経費がすべて含まれます。たとえば、再エネのために新しく設置した送電線、再エネ電気の増減を調整するためのコストなどです。これらが膨大な金額になっているわけです。

再エネ賦課金を徴収されていることは、電気代の領収書を見れば一目瞭然ですが、気づいていない人も多いかと思います。あるいは、単に電気代が上がったと思っていた人もいるかもしれません。しかし、これは電力会社が取っているものではなく、政府が諸手を挙げて進めている「エネルギー転換」の代償です。

ドイツに話を戻すと、一本の風力タービンは、風が強い地域では、多いときには年間10万ユーロ（約1600万円）をもたらすといいます。風に恵まれないところでも2・5万ユーロ（約400万円）。陸上の風力電気は太陽光より買い取り価格は安いのですが、風は夜でも雨でも吹くので、太陽光の何倍もの発電量が見込めます。つまり、農家は農業を辞めて、発電業者に土地を貸し出せば、楽だし、あがりもよい。

こうして2011年には、再エネの買取額の合計が、167・6億ユーロ（約2・7兆円）と最高になり、その後、買取価格の修正でだんだん減ってはきたものの、2022年は約101・8億ユーロ（約1・6兆円）でした。その他、ここに、電力の調整費や、送電線の建設費・管理費などが合わさって、再エネ賦課金として税金から徴収されています。

ドイツには、再エネ投資のおかげで大金持ちになった人がたくさんいますが、それを負担しているのは国民全員です。お金も家もない人たちが、お金のある人の再エネ事業の利益を、電気代で支払っている。電気は贅沢品ではなく、必需品ですから、これはフェアとはいえませんね。

しかも、再エネでさらに大金持ちになるのは中国です。

2021年の太陽電池モジュールの世界シェアを見ると、75％と中国が圧倒しています（国際エネルギー機関〔IEA〕）。同様に風力発電タービン（風車）も中国が60％を占めます（世界風力エネルギー協会〔GWEC〕）。

かつてはドイツも日本も、良い太陽電池や蓄電池を作っていたのに、今では、ほとんどが撤退してしまいました。人件費の安い中国には敵わなかったわけです。今では、技術も敵わないかもしれません。

太陽光パネルが敷き詰められた、元ゴルフコース（福島・富岡町）©産経ビジュアル

また再エネやEVなどへの2022年の世界の投資額は、前年比約3割増の1兆1100億ドルに達しましたが、そのうち中国が5460億ドルとほぼ半分を占め、アメリカの（1410億ドル）の3倍以上にも上っています（『会社四季報　業界地図2024年版』）。
太陽光パネルは製品寿命における

大量の不法投棄問題が予測されています。製品寿命は、25～30年程度なのですが、だいたい2030年代ごろに寿命切れが始まります。問題はそのあとです。燃やせない太陽光パネルが放置されてしまいます。

政府は電事業者に廃棄のための費用を積み立てるよう義務化していますが、実行は未知数です。日本では、織田健嗣《けんじ》さんという技術者が、かなり以前から太陽光パネルの廃棄の問題に取り組んでおり、警鐘を鳴らしつつ、リサイクルの可能性を探っています。織田氏の研究は詳細で、それを読むと、将来の問題の大きさに圧倒されてしまいます（https://www.newglass.jp/mag/TITL/maghtml/132-pdf/+132-p041.pdf）。

鉛、ヒ素、セレン、カドミウムといった有害物質を含む大量のパネルが壊れたまま山の斜面に放置されたり、日本中のあちらこちらに不法投棄されることを想像すると、恐ろしくなります。

なお、風車も同じで、羽根一枚でも60メートル、支柱が100メートル。羽根を取り外したとしても、処分は至難の業です。羽根の素材はものすごく硬くて、普通に破砕はできません。しかも、土台の巨大なコンクリートは、ちゃんと撤去されるのか？　今後、非常に由々しき事態が訪れる可能性が極めて高いと思います。

再エネにも熱心に取り組むフランス

――では、フランスの再エネ事情は？

山口：「原発大国」のフランスですが、この数年、「再生エネルギー」にも熱心に取り組んでいます。

フランスが議長国でパリで開催された2015年の「COP21」で採択された「パリ協定」の影響も強いと思います。「パリ協定」では2020年以降の温室効果ガス削減に関する世界的な取り組みが示され、世界共通の「2度目標（努力目標1・5度以内）」が掲げられました。つまり、「世界の平均気温上昇を産業革命以前に比べて2度より十分低く保ち、1・5度に抑える努力をする」ということです。日欧など55カ国がすでに批准しましたが、2017年には中国とともに排気ガス排出のワースト国だった米国のトランプ政権が協定からの離脱を表明（2020年に正式に離脱）。その後、バイデン政権時代の2021年に復帰しましたが、トランプ大統領は2025年1月20日に就任と同時に再度、「パリ協定」から離脱しました。

フランスはこの「COP21」の議長国だったうえ、首都パリの名前を冠した協定だけに、率先して範を示そうと意気込んでいるわけです。

第1章でも述べましたが、マクロン大統領は2017年5月の大統領選で勝利した翌年の2018年1月7日に、フランスの「エネルギーと気候」に関する「低炭素国家戦略（SNBC）」と「エネルギー複数年計画（PPE）」の二大政策を発表し、その細目を目下、実施中です。

フランス全土の風景は1F事故後の2010年代から変わりつつあります。パリを出て、高速道路を走ると、風車の親玉のような巨大な風力発電装置が目につきます。2020年9月中旬にはパリ郊外の副都市ラ・デファンスの高層ビル街のド真ん中にも〝巨大な風車〟2本が登場して話題をさらいました。これは「エネルギーのオアシス化」と命名された同地区一帯の再エネ計画の一環です。

風車は屋根の上に設置されているので場所も取りません。

一年間のテスト計画でしたが、将来、このテストの結果を参考にビル街の屋上に伝統的な石炭や薪用の煙突の代わりに〝風車〟が登場するかもしれません。

「風力」とともに「太陽光」の再エネ活用もフランスの景色を変えつつあります。

川口：私は、風車や太陽光の電気は、ある一定の割合以上に増やさず、さらに原発と組み合わせれば、有意義な電源になる可能性があると思っています。その点、フランスには、原発がありますから、再エネを補完し合う電源として、うまく使っていくことができるのではないでしょうか。しかしドイツは、原発はすでになく、火力も減らしている最中なのに、すべてを再エネにするとして頑張っています。しかも、8400万の人口を擁する産業国を維持しようというのですから、将来、何か画期的な技術が出てこない限り、これは残念ながら破綻するでしょう。

10年後に700基の海上風力

山口：フランス南東部アルプス地方メーズに2011年10月に「フランス最大の太陽光発電所」が開設しました。

香水の原料であるラベンダーの花畑だった70ヘクタールで年間5ギガワットが生産され、周辺の1万2000世帯に電力を供給しています。「自然破壊」との反対の声も聞かれましたが、時代の趨勢か、こうした声は徐々に小さくなりつつあります。「現実の前に理想が後退」との声はもちろんあります。

仏領土コルシカ島の州都アジャクシオを臨むアジャクシオ湾内のサンギネール諸島の一つの島では、太陽光と水力とを組み合わせた新規の再生可能エネルギーの実験を2011年に開始しました。中規模の元水力発電所の屋根を覆うのは3700平方メートルのソーラーパネルです。

一見すると太陽光だけのように見えますが、「電力網包括再生水力ミッション（MYRTE）」

と命名された水力も同時に利用した画期的な再エネの実験施設です。

地元のコルシカ大学とＣＥＡ（フランス原子力庁）、アレバの系列会社に加え、この仕組みを開発した仏ヘリオン社が協力して２００６年に計画に着手しました。総予算２１０億ユーロのうち１５０億ユーロはフランスと地元のコルシカ、さらに欧州連合(ＥＵ)が負担しています。

２０１１年末に試運転を開始し、２０１５年の稼動を目指しましたが、当初予定の５６０キロワットの電力獲得には至っていません（２０１８年現在）。一部仏メディアの報道によると、予定の「半分の電力」(２０２０年末現在)との指摘もあります。途中で頓挫した「スーパーフェニックス」同様、仏特有の発想は抜群でも、どれもが金食い虫です。電気料金も「通常の仏電力公社（ＥＤＦ）の電気代の3倍」との報道もあります。

２０２４年5月15日に稼働を開始した仏北部ノルマンディー地方フェキャン港から20キロの大西洋上に設置された71基の風力発電基群を稼働開始日に仏記者団とともに小型船に乗って取材しました。60キロ平方メートルに広がる風力発電基群はなかなか壮観でした。77万所帯の電力を供給できるそうです。２００７年に計画され、２０１１年に場所が決まり、稼働まで4年間で、延べ３０００人が71基の発電機の製造や海上への設置に従事したそうです。「環境破壊」の声はもちろんありますが、電力不足、電気代高騰、排気ガス削減など様々な現実の前に「背に腹は変えられない」といったところでしょうか。

フランスは10年後には700基の海上風力発電基を大西洋や地中海に建造する予定です。地上の風力発電基群は珍しくありませんが、フェキャンのこの海上の風力発電基群はフランス初とあって、稼働開始日にはマクロン大統領が、視察する予定でしたが、ニューカレドニア（仏海外領土）の暴動騒動でドタキャンになりました。急遽、代理で産業エネルギー閣外相がやって来ました。大統領は近くのノルマンディー地方のフラマンビルに建造され、遅れに遅れてやっと「7月に燃料注入」が決まったEPRも視察する予定でしたが、延期になりました。こちらは代理ではなく、自身で現地を視察し、大々的にPRするつもりだったようです。

フランス、海上の風力発電基群（著者　山口昌子提供）

マクロン大統領は欧州議会選挙(2024年6月9日)での極右政党の大躍進後に突如、国民議会（下院）を解散（大統領に解散権がある）、総選挙（直接選挙、2回投票制。6月30日と7月7日に実施）を決めたあとの6月12日の記者会見で、2022年に発表したとおり、電力確保のために、「今後14基のEPRを製造する」と言明しました。総選挙では各党が公約を発表しましたが、「原発」は争点になりませんでした。極右対策として、社会党、共産党、エコロジー党、極左など左派が結束した選挙対策組織「新人民戦線」は理由を明確にしていませんが、風力電力の発展を歓迎しています。

フランスのドイツへの対抗意識

山口：フランスの再エネ分野の世界ランキングは10年以上前の2010年には日本の後塵を拝していました。風力電力は1位中国の4万4733メガワットに続き、アメリカ、ドイツ、スペイン、インド、イタリア、そしてフランスは7位、電力量も5660メガワットとはるか後塵を拝していました（2010年、GWEC＝Grobal Wind Energy Council世界風力会議）。

太陽光も、ドイツ、スペイン、日本、イタリア、アメリカ、チェコと続き、フランスは7位。電力量は1025メガワット、1万7193メガワットのドイツの10分の1以下でした（2010年、IEA）。

2010年当時のフランスの電力の15・1％が再エネによるものですが、その5分の1が伝統的ないわゆる水力発電。太陽光は、全体のわずか0・1％にすぎませんでした。

そこで、2011年7月にエコロジー相のコンウス＝モリゼ（当時）がソーラーパネルの新基準を発表しました。

100キロワット以上、ソーラーパネルにして1000平方メートル以上、つまり個人消費ではなく、再生エネルギー産業を目指す場合、これまで製造メーカーによってバラバラだったソーラーパネルの基準を統一し、この分野に本腰を入れていることを示すと同時に、「ドイツに負けるな」と述べ、高品質で低価格の製品を生産するようにハッパを掛けました。

太陽光は発光度が場所によって異なるため、太陽がいっぱいの伊南部アンダルシア地方では1平方キロメートルで2000キロワットの電力が獲得できるのに対し、仏イル・ド・フランス地方（パリとその周辺7県を含む）の場合は1200キロワットと少ない。太陽光が乏しいドイツに比較するとフランスの場合は1キロワットにつき平均40％安くなる計算でした。つまり、「ドイツに追いつき、追い越せ」は夢ではないというわけです。

世界中に展開しているアメリカのソーラーパネル会社が仏南部ジロンドに工場を建設することが決まったのも、コシウスコ＝モリゼが基準の設置を急いだ理由として挙げられています。同社の投資額は9600万ユーロで雇用創出の見込みが420人とあって地元は歓迎しましたが、政府としての本音は「米国に占領されたくない」でした。

仏電力公社（EDF）は、私企業が生産する太陽光エネルギーを1キロワットにつき、58サンチーム（1サンチーム＝1ユーロの100分の1）で買い上げていましたが、原発は1キロワットにつき、3・4サンチームと安値。太陽光による再エネが高すぎると言われるゆえんです。ただ、ソーラーパネルの価格は数年間で60％値下がりしたので、将来、もっと安価になる可能性は十分にあります。

フランスの環境問題対策は風力や太陽光だけではありません。サルコジ政権時代（2007年5月～2012年5月）の2008年には環境・持続的開発省（当時の名称）と電球製造業者など関係企業代表者との間で、「低消費電球と白熱電球の撤廃に関する協定」が調印され、2009年6月30日までに白熱電球の100ワット電球が市場から姿を消しました。次いで同年12月31日までに、75ワット、2010年6月30日までに60ワット、2011年8月3日までに40ワット、そして2012年12月3日までには25ワットが姿を消しました。2013年以降、原則的に白熱電球はフランスの市場から姿を消すことになりました。

「低消費電球」とは要するに、「電球型蛍光灯（CFL）」や「発光ダイオード電球（LED）」の総称です。白熱電球は有毒のタングステンを使用しており、中国が世界の生産の50％以上を占めているため、脱白熱電球は中国依存からの脱却をも意味します。

シャンゼリゼ大通りの街路樹には年末年始に以前は豆電球でのイリュミネーションが輝きましたが、10年以上も前からLEDを使用しています。

川口：白熱電球の撤廃はＥＵの決定でもありますね。ドイツでも現在、白熱電球は姿を消しました。

原子力と再エネの両立を果たすフランス

山口：日本では環境相の地位が低いことを小泉進次郎氏が環境相当時に嘆いていましたが、フランスでは一時は最重要ポストでした。２００７年の大統領選で有力候補として出馬が取り沙汰された環境活動家のニコラ・ユロが、出馬断念と引き換えに、右派の公認候補サルコジや社会党の公認候補のセゴネール・ロワイヤルら有力候補者5人と、「大統領に当選した暁には環境相を首相に次ぐ内閣ナンバー2の地位にする」という協定を結びました。サルコジが当選し、協定に従って元首相の大物政治家アラン・ジュペを環境エネルギー相に任命し、首相に次ぐ内閣2位の地位でしかも国務相の資格も与えました。ところがジュペは「才あって徳なし」の典型。秀才で力量もあるのですが、選挙に弱く、大統領選直後に実施された国民議会選挙で落選。その結果、１カ月足らずで辞任したのですが、内閣序列3位のボルロー経済相が横滑りで就任しました。以来、環境相の地位は高くなりました。ユロも第一次マクロン政権（２０１７

〜2022年）で入閣したときは内閣ナンバー3の序列で、国務相でしたので、思い切った環境政策が実施できました。周辺住民が「環境破壊」「(近くに飛行場ありで）不必要」を叫んで反対していた飛行場の設営を反故《ほご》にするなど環境整備に務めましたが、反対していた狩猟団体の会費値上げ問題がらみで就任2年足らずで突如、辞任しました。

再エネへの批判はいろいろあると思いますが、イデオロギーや政治問題がらみではなく、純粋に環境問題として取り上げて論じる必要があると思います。温暖化の問題も純粋に科学的問題として、その原因を探り、対策する必要があると思います。

実際問題として、世界各地で発生している気象変動を直視する必要があると。私は決して左翼ではないことを断っておきますが、環境問題は今や、一種の文明度のバロメーターといえるかもしれませんね。政府や国民がもっと真剣に早急に取り組むべき現実問題として「環境問題」を直視するべきだと思います。この数年、世界各地で発生している地球温暖化が原因とみられる自然災害に目を向けるべきだと思います。

川口：再エネの話は夢があって、しかも理想的です。だから語るほうも聞くほうも楽しい。皆が夢中になったのは、それはそれでわかります。

空気は汚れないし、自然と共生できる。おまけにタダだとみんな思っている。そういえば以前、緑の党も、「エネルギー転換は、ドイツ国民にとって月々アイスクリーム1個分ぐらいの負担にしかなりません」と言っていたものですが、高いアイスクリームです。
再エネは、いつか主流になっていくと思います。でも、産業あってのことですから、今のドイツのように、産業を潰して脱炭素をしても何の意味もありません。慎重に、バランスのとれたエネルギー転換が必要です。資源の乏しい日本では、再エネが原子力に取って代わるのは無理があり、結局、LNGや石炭への依存が増えます。ドイツも資源が乏しいのに、再エネ100%を目指していますが、だったら、産業国をやめますか？ という選択肢になってしまうのです。

山口：農業国フランスでは10年前には見られなかった現象、つまり6カ月分の雨が1週間ぐらいの間に降り、水浸しで農作物が全滅。農作物や牛などが洪水で流されていきました。2003年の夏の酷暑で1万5000人以上が亡くなって以来、それまで必要でなかったクーラーがパリでは必需品になりました。これまでフランスではなかった竜巻の発生や南極で氷河が溶け出すなど様々な気象変動をみていると、やはり地球が狂ってきているとしか思えないですね。単純で幼稚な楽天的な考えかもしれませんが、チリも積もれば山となるで、できること、たとえばレジ袋の廃止などから始める以外ないかな、と思いますね。

川口：原子力大国でありながら再エネの推進もするフランスには、見習うべき点は多いと思います。でも、レジ袋やプラスティック容器を駆逐しても、それで地球温暖化が治まって災害が減るわけではありません。それに、レジ袋が道路を舞ったり、海に漂っているというのは日本でのことではありません。そもそも、災害が増えているのであれば、政治が危急にしなくてはいけないのは防災、つまり国土の強靭化でしょう。日本は地震対策に関しては、極力頑張ってきたと思います。でも、その他はというと……、よくわかりません。ドイツに至っては、治水もインフラ整備も完全におろそかにしていると感じます。だから毎年洪水が起こっていますが、それを温暖化のせいにしておしまい。本末転倒です。

再エネ事業の裏に中国企業

川口：それはそうと、日本にしろ、ドイツにしろ、再エネ推進における最大の懸念は中国ではないでしょうか。しかしこれは、再エネがあまりにも神聖視されているせいで見逃されがちです。

太陽光パネルの生産量の国内シェアにおける国産の割合は2022年にとうとう10%を切り、90%を海外、つまり中国に委ねています（「エネルギー白書2024」）。ドイツはもっと多いかもしれない。

太陽光パネルだけではありません。日本政府は洋上風力発電事業を推進していますが、日本製は今やゼロで、これも中国企業や中国製品に頼っているのです。要するに化石燃料における中東依存と同じく、再エネは中国依存に驀進中だということです。みすみす中国に首根っこを押さえられにいくようなもので、これはエネルギーの自立とは真逆の選択です。

しかも、これでは中国に安全保障上重要な通信情報を抜き取られる恐れがある。登記をする必要がなく土地を自由に利用できる「地上権」というのがあります。これを隠れ蓑に、中国のメガソーラー事業者が自衛隊の通信を傍受することだって十分ありえます。また、洋上風力のほうも、発電事業者に風力や海流など安全保障上重要な情報をとられる状況を、みずからつくりだしています。2024年の秋、レバノンで「ポケベル」が次々に爆発して、死者が出たじゃないですか。コンピューターで制御されている機器には、何が仕込まれているかわかりません。

再生可能エネルギーに関する内閣府の会議の資料に、「中国電網公司」のロゴが入っていたことが判明したのが2024年3月です。中国の国営企業ですよ！

資料を提出したのは、公益財団法人「自然エネルギー財団」事業局長の大林ミカ氏。NGOとか、ナントカ財団というのは、誰がお金を出しているかが不明で、怪しいものが多いのですが、まさにこれもそうでした。「財団と中国企業や政府の間に、金銭的、資本的、人的関係はない」と中国からの影響を否定していましたが、関係があったなんていうわけはない。そして大林氏をメンバーに推した河野太郎大臣は、事務的なミスが生じたと謝罪しました。でも、問題はそこですか？　政府の推進する事業に中国企業が入り込んでいたことが大問題なのじゃないですか！

中国が水面下で日本の土地を〝爆買い〟している実態をずっと追究してきたのが、産経新聞の記者の宮本雅史さんです。宮本記者は、太陽光や風力などの再エネ事業にも中国資本が食い込んでいることをレポートしています（「産経ニュース」「国境がなくなる日」「国境が消える」などのシリーズ）。

なかでも精力的なのが再エネ事業で度々取り上げられている「上海電力日本」。この会社は完全に中国政府にコントロールされている会社ですよ（中国政府直属の特設機関「国有資産監督管理委員会」が監督管理する「国家電力投資集団」の傘下にある「上海電力股份有限公司」の100％子会社）。

それが、すでに日本国内18カ所で太陽光発電事業を展開。また、青森県では風力発電に参入しているらしい。宮本氏のレポート、「中国資本の再エネ事業認定290件超の青森　盲点となる「地上権」の怖さ」を読むと、戦慄を覚えるどころの話ではありません！

青森県は、米軍と共同の航空自衛隊三沢基地、海上自衛隊大湊地方総監部など軍事施設のほか、六ヶ所村の使用済み核燃料の再処理工場があります。つまり、エネルギー産業の基幹地域でもあるわけです。

そのような国防上重要な地域に中国企業が入り込んでいるとは、恐ろしいことです。宮本氏によると、2024年1月31日現在、青森県内で認定された太陽光発電や風力発電の事業計画6518件のうち、中国人や同国系資本が関係するものは、少なくとも290件もあるといいます。青森市や三沢市など6市13町4村にまたがり、なかには1社で133件の事業を認定された企業もあるようです。

当然、そこには前述の上海電力日本も食い込んでいます。その関連会社である「東北町発電所合同会社」が太陽光発電事業の準備を進めているのですが、そこは、航空自衛隊の基地からわずか10キロほどの地域です。同列の会社、「合同会社SMW東北」も、海自大湊地方総監部に近い場所と、海自の送信所に近い場所です。それから、竜飛崎近くの津軽海峡に面する場所の3カ所で風力発電事業の認可を取得したといいます。その他にもまだまだあります。

ここまで中国企業が入り込めた「大きな落とし穴」が、さっき言った地上権です。

「地上権」とは、不動産を買収しなくても地上権設定契約を交わすことで自由に利用できる権利のことです。太陽光・風力発電の場合、地権者と事業者が、設定期間が30年前後といった長期間の契約を結ぶケースが大半だそうです。しかもこの契約を結んだ事業者は、契約期間中、地権者の承諾なしに地上権を転売、譲渡が可能。不動産登記の義務がないからです。もう、抜け穴なんていうレベルではないです。

2024年12月の「第7次エネルギー基本計画」によると、再エネの割合を2040年まで

4～5割程度まで高めるといいます。今、ドイツは再エネにのめりこんだせいで、産業の衰退が始まっているというのに、日本政府はいったい何を考えているのでしょう。さらに安全保障まで手放すとなると、まさに自殺行為です。

山口：宮本記者は私も知っている記者です。優秀な記者で、特に調査ものでは徹底的な取材で優れたルポルタージュを書いています。著作も何冊かあります。

——ちなみに原子力発電の国産率は、1970年以降に日本で営業運転を開始して以来、90％以上（「エネルギー白書2024」）。原子力発電所の建設は、建設業者から機器メーカー、メンテナンス企業まで、様々な業種が関係し、なかでも原子炉や周辺機器を作る技術は、ものづくり産業の一大分野を形成した。関連企業には、原子力分野でのものづくりに欠かせない特殊な技術や、知識を持つ技術者が数多く存在するが、日本は、そのサプライチェーンを国内メーカーを中心に網羅する数少ない国の一つ。

川口：私から見れば、これこそ日本の強みです。それが今、指の間からこぼれ落ちようとしているのに、日本政府も国民も、いったい何を躊躇しているのか、それがわかりません。

第6章

日本が「核燃料サイクル」を目指した理由

敗戦後の日本が目指した原子力の三本柱

――原子力の真髄は「ウラン濃縮」、「再処理」、「高速増殖炉（FBR）」の三本柱だと言われる。しかし、日本では、それがなかなか進んでいない。

山口：序章でも話題になりましたが、この三本柱も含めて日本ではなぜ原発を導入するのかの議論がきちんとなされてこなかったのではないか、と思います。

――原子力のメリットは、第一に燃料であるウランは輸入がしやすく、少しの燃料で多くのエネルギーを生み出し、電気を安定して作ることができること。第二に発電コストも比較的安く安定的であること。第三に発電するときに二酸化炭素を出さないことだ。

１００万キロワットの発電所を一年間運転するために必要な燃料は、石炭なら２３５万トン、石油なら１５５万トン、ＬＮＧ（液化天然ガス）なら95万トン必要だが、ウランならば、わずか21トンで、石炭の10万分の1で済む（資源エネルギー庁ＨＰ「原発のコストを考える」）。また、石油のように中東に集中することもなく、カントリーリスクが少ない。

そして第四に石油や石炭、天然ガスなどの化石燃料と違ってリサイクルできる。

川口：日本が第一回原子力長期計画を立てたのは、敗戦からわずか11年後の１９５６年でした。

つまり広島・長崎に原爆が投下された11年後です。これは画期的なことだと思います。逆にいうと、エネルギーが国の独立にとっていかに大切かということを、当時の施政者は身に染みて知っていた。だからこそ、原爆投下の衝撃がまだ冷めやらない時期なのに、こういう決断ができた。当時の政治家は本当に偉かったと思います。日本の将来のことをちゃんと考えていたのですね。

しかも当初の計画から、原子力発電に加えて「ウラン濃縮」、「再処理」、「高速増殖炉」という三本柱、すなわち核燃料サイクルを目指していた。ウランを無駄なく燃料に変えるための「濃縮」、使用済み核燃料を再度燃料として利用するための「再処理」、そして、もともとあった燃料よりも燃料を増やすことができる「高速増殖炉」。この三本柱こそが、燃料を使いきったらおしまいというこれまでの常識を覆す、原子力の原子力たる真髄です。そして、このような高い目標を抱いていたから、日本は世界に冠たる原子力技術国になれたのでしょう。

現在、ウクライナや中東で戦争が継続し、エネルギー価格の上昇と外国依存の問題が浮き彫りになっています。でも、だからといって、今の日本人が1956年当時のように、エネルギーと国家の独立を組み合わせて考えているかというと、かなり疑問です。

世界最高水準のウラン濃縮技術

——ウラン濃縮については、現在、日本原燃が青森県の六ヶ所村で工場を稼働させている。

川口：六ヶ所村に行った時、濃縮工場についてPR館で説明を受け、非常に印象深かったことを覚えています。濃縮は核兵器につながる技術なので外観だけですが、工場も見ました。IAEA（国際原子力機関）による査察を受けており、年13回の無通告の査察を含め、年間20数回の査察があるとのことでした。

——ウラン鉱山で採れる天然ウランは核分裂しにくい「ウラン238」が99・3％を占め、核分裂しやすい「ウラン235」はわずか0・7％しか含まれていない。

このため、発電で使用されている軽水炉では、このウラン235の濃度を3〜5％に高める必要がある。ウランの濃縮方法として世界的にはガス拡散法、遠心分離法などがあるが、六ヶ所村では「遠心分離法」を採用。脱水機と同じ遠心力を利用し、重いウラン238を外周部に、軽いウランを中心部にと分ける作業を何度も繰り返して、少しずつウラン235の濃度を高める。

当初は、鳥取県と岡山県の県境にある人形峠で、旧動燃事業団が原型炉を開発。現在では、六ヶ所村で日本原燃がその技術を受け継ぎ、世界最高水準の技術を有する。

六ヶ所村には濃縮技術開発の拠点として「ウラン濃縮技術開発センター」も2000年11月に設立され、新型遠心分離機に関する様々な最先端技術を研究するとともに、濃縮開発技術にかかわる人材の養成が行われている。

川口：そして、もう一つが再処理。リサイクルの要がこの再処理技術です。

リサイクルの要がこの再処理技術です。ウラン235の原子核に中性子を当てると2つの原子核に分かれ、このときに発生した熱を発電に利用します。核分裂した原子からは、新たに2～3個の中性子が発生するので、原子力発電ではこれを連鎖反応として、ゆっくりと持続的に起こるように制御しながら運転していくわけです。その結果、原子炉内で、本来は核分裂しないウラン238が、中性子を吸収し核分裂を起こしやすいプルトニウム239に変わっていきます。普通ならこれで終わりですが、リサイクルはここから。

つまり、使用済み核燃料には、まだ燃えるウランやプルトニウムが残っています。だから、これを取り出して再び燃料に加工するのが再処理です。こう言えば簡単に聞こえますが、実はこれは超高度な技術です。

山口：その再処理してできた燃料が、「MOX（混合酸化物）燃料」ですね。「MOX」は原子炉内の使用済み核燃料中に約1％含まれているプルトニウムを再処理して取り出し、二酸化プルトニウムと二酸化ウランとを混ぜて、プルトニウム濃度を4～9％に高めた燃料を指します。

フランスでは広く原発の燃料として用いられていますが、核兵器の原料ともなるプルトニウムを扱うということと、輸送用に粉末状態にしたプルトニウムは少しでも吸えば肺癌になる確率が高い一種の猛毒ということで、川口さんが序章で指摘なさったように、環境派による猛烈なデモの対象になりました。特に「グリーンピース」がフランスからドイツへの輸送の際などに激しい抗議デモを繰り返していました。

ウラン採掘事業、核燃料製造、核燃料再処理などを行うアレバ（旧COGEMA＝コジェマ、現オラノ）のブルターニュ地方の大西洋岸にある「ラ・アーグの工場」は、日本などの原発から運ばれた使用済み核燃料を再処理してプルトニウムを取り出す再処理事業で仏経済に大きく貢献していました。

核燃料の再処理はフランスの名物産業

山口：フランスは使用済み核燃料の再処理は一種の商売、フランスの代表的産業ともいえます。

プルトニウムといえば、前述したように、1992年10月に日本に約1トンのプルトニウムを海上輸送する輸送船「あかつき丸」がCOGEMAのラ・アーグ工場近くの仏北西部シェルブールの軍港に入出国したときには、日仏メディアのほかに「グリーンピース」をはじめ世界中の環境派が「プルトニウム」漏れによる環境破壊を恐れて大きな反対運動が展開されました。COGEMAはこのとき、安全性などをPRするため、日本をはじめ各国のパリ駐在記者らの現地取材に応じましたので、私も現地に行きました。

プルトニウムは輸送時は二酸化プルトニウム、つまり粉末状態にして送りますが、この粉末状態にしたプルトニウムを直径75センチ、高さ2メートルの円筒型の容器に入れます。直接プルトニウムを収容する部分はステンレスなどを加工した強固な金属製です。一個に付き、十数キロのプルトニウムを格納し、1トンの輸送では133個が使用されました。

これを10個ずつコンテナに収容するので「あかつき丸」にはコンテナ15個が積載されました。「この容器は実験で1000度の火災に1時間半、水深1万メートルの水圧にも耐えられる」(リコー工場長)ので、国際原子力機関（IAEA）の海上輸送容器の安全基準を十分に上回ると強調していました。

工場から軍港までは催涙ガス、煙幕発射装置付きの特性トレーラーで運搬。輸送船建造の英パシフィック核輸送会社も「あかつき丸」をプルトニウム輸送用に建造、改良し、日本国籍にしたことを確認すると同時に核ジャックや天災、沈没などに備えて船倉は特別仕様にしたことを強調していました。

スパイ衛星で四六時中位置を監視。海上は仏領海内は仏海軍が、その後は日本の巡視船「しきしま」が護衛しました。広島型の原爆はウランですが、長崎型はプルトニウムを使用しています。プルトニウムは微量でも肺に吸い込んだ場合、肺癌になる可能性が非常に高いので、ラ・アーグの工場では全員が猛毒マスクを着用して作業をしていたのが印象的でした。

同船の航路はハイジャックやテロ攻撃などを恐れて秘密にされましたが、予想ルートにあたるアジア・太平洋諸国のなかには航行禁止を表明した国もありました。

フランスで起きた〝プルトニウム狂騒曲〟

山口：日本は1984年10月にもラ・アーグから251キロのプルトニウムを輸送しましたが、1992年に限って国際的関心を呼んだのは環境問題の高まりと同時に輸送量が1トンと大量だったからです。特に欧州の報道機関が興味を示したのが、日本の核保有問題でした。
現地取材には英仏独など約130人が駆けつけましたが、「日本は2000年までに計30トンを輸送」（仏国営テレビ）「日本、原爆100個分輸送」（仏リベラシオン紙）と、まるで日本が核保有大国になるような報道もありました。日本はプルトニウムを1993年臨界予定の高速増殖炉「もんじゅ」用の燃料として使用するのが目的でした。

ところが、1989年にベルリンの壁が崩壊し、1991年にソ連が瓦解し、東西冷戦が終《しゅう》焉《えん》した時期と重なったため、米国が日本を対ソ防衛の先端とする地政学的な必要性がなくなったので、日本がいよいよ、米国の「核の傘」の保護を受けずに、独自の核武装用にプルトニウムを輸送し、「原爆製造に着手」と、早とちりしたわけです。

日本人にとって、「シェルブール」は当時、カトリーヌ・ドヌーヴ主演のミュージカル映画『シェルブールの雨傘』でおなじみの地名でしたが、街には傘店が見あたらず、カフェのボーイは「この名物は傘ではなく、プルトニウム」と苦笑していました。ロマンチックな映画とは異なる「プルトニウム狂騒曲」で町全体が騒然とした雰囲気でした。

MOXの安全性を証明した福島第一原発3号機

川口：「日本が保有するプルトニウムはいまや約45・1トン、原爆約6000発分だ（2022年末時点）」と非難する声は相変わらず強い。
日本の目的は、プルトニウムを溜め込むことではなく、それを使って新しい燃料を作ることですが、現状ではMOX燃料も原発で燃やすプルサーマルも一部の発電所しか行われていなくて、「もんじゅ」の研究も中止しているし、使える見込みの定まらないプルトニウムの貯蔵ばかりが増えていく（2022年末時点で、国内分は9・3トンで、英国で保管されている分が21・8トン、フランスで約14・1トン）。日本を非難しようという国にとっては格好の攻撃材料になっています。

現に中国は、日本がひそかに核兵器を作ろうとしているなどということを声高《こわだか》に主張しています。

また、アメリカにも、「核物質をテロ組織に奪われる安全保障上のリスクがある。核拡散につながりかねず、他国への悪い前例となり、中国や韓国など周辺国との緊張感を高めることになる（カーネギー国際平和財団・ジェームズ・アクトン上級研究員：東京新聞2017年9月23日）などと言って日本の足をすくおうとしている勢力があります。これにきちんと反論しない日本政府にも問題があります。そして、もちろん日本のなかにも、平和のため、あるいは環境や安全のために、原子力発電も核燃料サイクルも、すべてやめたほうがよいと固く信じている人たちがたくさんいます。

山口：MOX燃料は爆発事故を起こした福島原発の3号機にも使われていたため、フランスでも他の原子炉より高度の放射能の流出が懸念されました。

川口：確かに炉心溶融し水素爆発した3号機からプルトニウムが漏れたのは事実ですが、調査により粒子質量の大きなプルトニウムが拡散した範囲は、非常に狭い範囲であることがわかっています。プルトニウムの沸点は約3200度ですから、セシウム約678度やヨウ素184度のように低い温度で気化することがないため、気体となって放出されたのはごく限られていました。

もちろん、漏れたことは大事件ですが、ある意味、この3号機の事例が、「MOX＝プルトニウム＝超危険」というイメージを少し緩和してくれたともいえます。

――MOX燃料の使用は、海外ではすでに相当数の実績がある。1970年代から2021末までに、フランス、ドイツ、スイス、ベルギーなど9カ国の約50基の原発で、MOX燃料約6300体を使用。ドイツでは2474体が使用された（2021年末）。

MOX燃料を既存の軽水炉で使用することを「プルサーマル」と言い、これは、「プルトニウム」と「サーマル（熱）」の合成語だ。

日本では、電事連（電気事業連合会）が2023年2月に最新の「プルトニウム利用計画」を公表し、プルサーマルの早期かつ最大限の導入、また、2030年度までに少なくとも12基のプルサーマル実施を目指すこととしている。

核燃料サイクルは日本唯一の特権

川口：前述した日米原子力協定の足かせですが、言い換えればこれは日本の特権の裏返しでもあります。というのも、日本は非核保有国のなかで、再処理や濃縮、つまりプルトニウムの所有や核燃料の製造が許可されている唯一の国なのです。だからこそ、重い足かせがかけられています。

2015年に、やはりアメリカと新原子力協定を結んだ韓国は、日本と同等の権利は認められていません。

六ヶ所村の再処理工場では、使用済み核燃料から抽出したプルトニウムをわざわざウランと半々に混ぜ合わせて、原爆が作れないようにしています。

――濃縮工場では、年13回の無通告査察があり、再処理工場では、IAEAの2人の査察官とビデオが年間を通して常時監視し、その状況をリアルタイムで本部のウィーンに報告する体制をとっている。IAEAも日本の潔白の証明のため、かなりの予算と労力を費やしている。

川口：このような例は日本以外、世界のどこにもありません。再処理に反対ばかりしているのではなく、この特権を政治家も国民も認識する必要があります。

核燃料サイクルは、資源の有効活用だし、高レベル放射性廃棄物の量も減らせるし、何より、これが軌道に乗れば、日本が資源国に変貌するといっても大げさではありません。

ところが、第2章で取り上げた「2023年度原子力に関する世論調査」でも、「核燃料サイクル・プルサーマルは役に立つ」にイエスと答えたのはわずか24％です。核燃料サイクルも、プルサーマルも、おそらくチンプンカンプンでしょう。これらが国家経済に与えるメリットを、もっと丁寧に説明する必要があると思います。

――ただし、再処理の際に生じる廃液は放射能のレベルが高いため、長期間にわたって人間の生活環境や地上の自然環境から隔離する必要がある。そのために開発されている技術が、「ガラス固化」。これは高濃度の高レベル廃液を高温のガラス原料と溶かし合わせ、ステンレス容器（キャニスター）に注入して冷やしたものだ。ガラス固化体の大きさは直径が約40センチ、高さは約130センチ。

これを厚さ約20センチの金属の容器（オーバーパック）に入れ、さらに、厚さ約70センチのベントナイトという天然の粘土で覆い、最終的に、300メートル以上掘り下げた岩盤内に地層処分することが計画されている。

なお、原発から出る低レベルの放射性廃棄物は、ドラム缶に詰めて、現在、やはり六ヶ所村の「低レベル放射線廃棄物埋設センター」に埋設している。

進む最終処分場の研究と決まらない候補地

とですね。

川口：ただ、問題は、高レベル廃棄物のガラス固化体の最終処分の場所が、決まっていないこ

六ヶ所村の貯蔵センターでは、ステンレス製のキャニスターに入ったガラス固体化が、地下の、頑丈なコンクリート製の貯蔵ピットに保管されています。高レベル廃棄物とはいっても、貯蔵ピットの上に人間が近づいても一切危険はありません。実際に貯蔵ピットの上を、作業する人たちが防御服も着ずに歩いていました。

ちなみに、一人の人間が、原発の電気を一生使ったとしても、発生する高レベル核廃棄物の量は、単一乾電池1個分ほどだそうです。１００万キロワット級の原発が一年間稼働した際に発生する高レベル廃棄物の量は、ガラス固化体にして約20本です。

ガラスの安定度に関しては、エジプト時代のガラス製品が今も残っていることをみれば心配の余地はないし、また万が一割れても、放射性物質が浸み出すこともありません。

ただ、以前の私もそうでしたが、多くの人々が一番心配しているのが、まさにこの最終処分だと思います。要するに、どこに埋めるか。

実は、北海道の北端、利尻富士を望める幌延《ほろのべ》という町に、「北海道幌延深地層研究センター」という施設があって、ここで、最終処分に関する徹底した地質調査や地層の研究が行われています。ここは地層は安定しており、処分場としては理想的な場所といいます。でも、地元との約束は、ここには本物の放射性廃棄物は持ち込まない、調査後は地下施設をすべて埋めて元に戻すというものなので、実際にここを最終処分場にすることは、今のところ考えられていないそうです。

エレベーターでドーンと地下300メートルぐらいのところまで降りると、延々と坑道が広がり、そこはまるで地下帝国です。

一般の見学も受け付けていますから、皆さん、ぜひ一度見てくださいと言いたいところですが、研究センターまで辿り着くのが結構大変です。延々と広がる草原を貫く空っぽの道路を走っていると、ふと、北ドイツでアウトバーンを走っているような錯覚を起こしたほど日本離れした風景でした。時々、キタキツネなども現れました。それどころか研究センターの横にはトナカイが放し飼いになっていました。

いずれにせよ、ここで見聞きしたことは、かなり衝撃的なものでした。ガラス固化体を人間が生活する場所から隔離することは不可能ではなさそうだと、納得できるのです。説明を聞き、実際に自分の目で見れば、おそらくほとんどの人の不安は解消されるのではないかと思いましたね。

現在、最終処分場の候補地として名乗りを上げた自治体がいくつかありますが、それらの自治体の人たちも、きっと私と同じように感じたと思います。文献調査が始まっていますが、これは無謀なことでも何でもないと思われます。文献調査のあと、ボーリングによる実際の地層の調査、その後、精密調査と続きますので、まだ何年もかかりますが、処分場を決定しなければ、はっきり言って、原子力の未来は閉ざされてしまいます。それどころか、石川迪夫先生のおっしゃったように、福島第一の廃炉だって進められないでしょう。

一方、ドイツですが、こちらも、最終処分場が決まらないのは同じで、高レベル廃棄物は、カストールと呼ばれる6メートルもの長さの巨大な円筒型容器に封じ込めて、仮の貯蔵施設に置いてあります。昔は使用済みの燃料棒は、フランスのラ・アーグかイギリスのセラフィールドで再処理し、また、ドイツに戻していましたが、2004年以来、ドイツは核廃棄物の国外持ち出しをやめたので、今では、未処理のままで中間貯蔵しています。

しかも、最終処分場の話題など、全然票にならないので、政治家は手をつけたがらず、現在決まっているのは、先延ばしの話ばかり。今、仮の貯蔵施設になっているところは、早く取り出せと言っています。しかし、取り出しても持っていく場所もない。要するにババ抜きのようになっています。最悪のケースですね。

最終処分場「ビュール」

山口：フランスでは再処理が不可能な高レベル放射性廃棄物の処分は国の行政管理機関のASNの管理下に置かれ、放射性廃棄物管理機関（ANDRA）が長期管理の責任を持つことになっています。

ANDRAは1991年に制定された放射性廃棄物管理研究法に基づき、高レベル放射性廃棄物用の地下研究所の建設、操業及び処分場の設計、設置、運営などを行っています。

場所の選定は地域からの自発的立候補が原則です。28県が申請したのに対し、地質・鉱山研究所（BRGM）による地質学的な特性評価などを踏まえて、まず10県を選定。さらに1994年から地元との協議などを行った結果、1998年に仏北東部ムーズ県とオート・マルヌ県にまたがるビュール(Bure)が選定されました。仏政府は1999年8月には政令によって正式にビュールに地下研究所の建設・操業を許可。2000年から建設が開始されました。

ビュール地下研究所では、深さ445メートルに設置された実験用横坑、深さ490メートルの主試験坑道及び主試験坑道から10％の勾配で上下方向に2本の斜坑を設置、種々の調査や試験も実施しています。ANDRAは2006年の放射性廃棄物などの管理計画法に基づき、さらにビュール地下研究所周辺の約250平方キロメートルの区域を対象に調査を実施し、試験的に地下500メートルの粘土層内に処分坑道を建設することを決定するなど安全策に万全を期しました。

ビュールはパリ盆地の東端に位置し、地表から約500メートルの深さのところにカルボ・オックスフォーディアンという約1億5000年前に形成された透水性が非常に低い粘土層があります。その上下は石灰岩層に挟まれており、均質な地層（層厚130～160メートル）が広がっているため、極めて地盤が固く、したがって高レベル放射性廃棄物の一種の〝墓場〟には極めて適しているというわけです。

使用済み核燃料の再処理によって生じる高レベル廃液は高温で溶かしたホウケイ酸ガラスと混合させてガラス固化体としてステンレス鋼製のキャニスター（高さ1・3～1・6メートル、直径0・57～0・64メートル、重さ1・7～2トン、厚さ約5センチの容器）に密封されます。万が一にも漏れ出ないように最大限の注意を払っているそうです。

ビュール地下研究所の研究開発・技術開発費を含めた地層処分事業費は2010年までの累積額として14・9億ユーロ。このうち、5・9億ユーロが建設費を含むビュール研究所での調査研究費として計上されています。

また2006年、放射性廃棄物管理計画法により、地下研究所または地層処分場が設置される区域を有する県には公益事業共同体（GIP）が設置されることになります。GIPには国、地下研究所または地層処分場の設置許可保有者、施設の周辺近くにある州、県、自治体などが加入できます。ビュール地下研究所を有するムーズ県とオート＝マルヌ県にはそれぞれ年間約915万ユーロが支給されます。一種の補償金ですね。

このビュールの地下研究所は希望者の見学を許可していましたが、現在は見学は休止中です。2014年に現地を訪問した見学者の話によると、竪穴の坑道の広さは直径約1メートルで、人一人がやっと入れるほどの広さとのこと。エレベーターで地下に降りる仕組みだそうです。

川口：最終処分場といえば、最近稼働したフィンランドのオンカロが有名ですが、ここは使用済み核燃料を再処理せずにそのまま処分する方式。フランスや日本は再処理した結果出てくる高レベル廃棄物をガラス固化体にして、それを地層処分するやり方です。そういう意味では、フランスのビュールの地下研究所は、日本にとって非常に参考になりますね。地元対応や理解活動についても大いに学ぶべき点があるのではないでしょうか。

「もんじゅ」はなぜ「夢の原子炉」なのか

川口：すでに2016年末に廃炉が決まった高速増殖原型炉「もんじゅ」について、このまま研究を放棄するのはあまりにもったいないと思うのですが、いかがでしょう？

前述の奈良林教授ももんじゅのことを、「使用済み核燃料からプルトニウムとウランを抽出して再利用するので、新たな燃料なしで2500年間、エネルギーを供給できる潜在的な能力を有する、資源小国の日本にとってはまさに『夢の原子炉』」とおっしゃっていました。

発電しても燃料は減らず、増殖していくなんて、資源のない日本にとっては理想的な技術だったはずです。

度重なる事故も中止の原因だったようですが、そもそも、研究炉というのは実験するものです。失敗が許されないなら実験などできません。

原子力潜水艦「むつ」の実験炉も、失敗が一切許されなかったため、結局、研究自体が頓挫《とんざ》してしまいました。

フランス「スーパーフェニックス」の挫折

山口：高速増殖実証炉「スーパーフェニックス」（120万キロワット）はかつてフランスがテクノロジーを駆使した画期的な計画として期待がかけられました。1976年に仏中部リヨンに近いイゼール地方のクレイマルビルで建設工事が開始され、1994年に運転を開始しました。EDFをはじめ、当時の西ドイツ、イタリア、ベルギー、オランダ、イギリスの各電力会社が出資をした「欧州の原発の未来」を目指した夢の大計画でした。

ウランを丸ごと利用できて、しかも放射性廃棄物が少量な原子炉の開発は長年、待たれていたもので、これらの条件をほぼ満たすものでした。

「スーパーフェニックス（不死鳥）」の命名には、放射能を発見したベクレルやラジウムを発見したキュリー夫妻を生んだ「原子力のエネルギーの元祖フランス」という自負も加わり、国の誇りと国民の期待がかけられていました。

少数の反対意見は、国を挙げての「期待の声」にかき消されたといえます。ところが、「スーパーフェニックス」は運転期間より事故で運転休止している期間のほうが長い結果になってしまいました。

運転開始から半年もたたない1987年3月には、使用済み核燃料の一時貯蔵タンクからナトリウムが漏出し、1990年4月まで運転を中止。運転再開の2カ月後にはまた発電機の故障事故が発生。この事故の修復とともに各種安全装置の点検実験のために1990年8月まで運転を停止しました。その後も停止、再稼働を繰り返し、フランス中が「スーパーフェニックス」の運転状況に一喜一憂する結果となりました。私もこの時代にはパリ発で何回か「スーパーフェニックス」関係の原稿を送りました。1998年2月に、シラク政権のもと社会党のジョスパン首相が閉鎖を決定。同12月には政令が発布され、正式に運転停止が確定しました。

1999年2月からは炉心から燃料棒が取り外される作業も開始し、「スーパーフェニックス」は名前負けしたのか、永遠に復活することはありません。仏メディアはジョスパンが社会党と緑の党の連合を視野に入れて政治的判断から閉鎖を決めた、と解説したものですが、当時、国民教育相だったこの分野の専門学者クロード・アレグレは「技術面の失敗と経済面での金食い虫」が閉鎖の理由だと明言しています。これは学者の立場からの公平な見方だと思います。解体作業が完全に終わるのは2027年、費用も3億5000万ユーロから4億ユーロとの報道がありました（当時）。建造費は87億ユーロでしたから、約90億ユーロが〝夢〟とともに消えたわけです。

日本も共同研究中だった高速実証炉も延期

山口：フランスにはもうひとつ失敗例があります。マクロン政権時代の2019年の、日本も共同研究中だった高速実証炉「アストリッド（ASTRID）計画」の中止です。CEA（フランス原子力庁）が同年8月30日、声明を発表してアストリッド計画の放棄を確認。「現在のエネルギー状況下では、第4世代の原子炉の産業的発展は今世紀の後半前には実施しない」と述べ、計画再開は少なくとも2050年以降と表明しました。

「アストリッド計画」の中止も、経費高騰のため、建設中の第3世代の原子炉「EPRを優先する」（ボルヌ環境相＝当時、2022年5月から2024年1月まで首相）というのが理由でした。EPRの完成も延期に次ぐ延期の最中に加え、「スーパーフェニックス」も断念しているだけに、仏メディアは盛んに、「政治的支援の不在」を指摘し、「原発大国フランスの曲がり角」との声も聞かれました。

同計画の開始は2006年1月、シラク大統領時代に遡ります。シラクの指令でCEAが〝第4世代〟の高速炉として2020年稼働を目指して研究を開始。サルコジ政権（2007〜2012年）でも継承されました。

サルコジ大統領は2009年12月に、「フランスは100億ユーロを開発、第4世代の原子炉のために計上する」と明言。翌10年には「未来への投資」として、「アストリッド計画」の「コンセプトの研究」に6億5160万ユーロの予算を計上しました。

社会党出身のオランド大統領（2012~2017年）も計画を継承し、着任直後の2012年6月には、CEAが仏南部ガール県の核施設内での建設に向けて、仏建設大手ブイグをはじめ、原発大手アレバ（COGEMAの後身）、仏電力公社（EDF）、ロールスロイス・パワー・エンジニアリングなどと国際チームを形成し、約500人が計画に経済的、技術的に関与しました。当時の安倍晋三首相が2014年5月5日のエリゼ宮での日仏首脳会談で、「安全性の高い新型原子炉アストリッドを含む高速炉の技術開発協力に関する取り決め」で仏政府と合意し、オランド大統領とともに署名。仏政府はこのとき、日本政府に対し、「もんじゅ」でアストリッドの可燃性燃料のテストをするために、「もんじゅ」の再起動を要請したといいます（日本外交筋）。

仏政府は2016年10月には日本政府に対し、アストリッドの経費分担も要請。当時の経費の予測は50億ユーロでした。日本は「経済成長においてはイノベーションが重要である」との「日仏合意」の下に、巨額の負担金を課せられるところでしたが、計画の放棄で助かったわけです。

川口：ただ、もんじゅの廃炉判断は、高速炉開発を不透明化させただけでなく、そのためのサプライチェーンも崩してしまった。日本の原子力の技術開発にとって大きな退歩ではないでしょうか。

こんなことをしているから、高速炉ではフランスも日本も、ロシア、中国、インドに先を越されてしまった。返す返すも残念なことです。

世界は高速炉の実現に向けて動き続けている

山口：確かに、「アストリッドは死んだ」（関係者）との放棄のニュースに対し、右派政党・共和党（LR）や極右政党・国民連合（RN）は「政治的支援の不在」を糾弾。「われわれは『研究や変革なし』の政策によって、われわれの環境を保護することはできない」（ブルーノ・ルテリュLR上院議員団長）と主張し、マクロン中道右派政権が本気で環境政策に取り組んでいないと非難しました。つまり、目先の経済的理由で革新的技術の研究を放棄することは、結局はクリーンなエネルギーを提供する新型原子炉を放棄し、環境そのものを悪化させるという論法です。

ただ、アストリッド計画は日本への経費支援を仰いだころには、すでに〝金食い虫〟としてお荷物になり始めていました。CEAは2018年初頭には、当初計画の出力600メガワットから100～200メガワットへの削減の検討を迫られていました。

2015年には1F事故や環境重視の世界的趨勢のなか、「安全性」が問題になり、IRSNによる検査を実施するべきだとの意見も出ました。2018年6月には日本政府に対し、アストリッド計画からの撤退を伝えていました。

仏環境省は計画放棄の理由として、「経費高騰」という経済的理由を挙げました。2019年8月時点で、7億3800万ユーロをすでに費やし、このまま計画を遂行した場合は50～100億ユーロが必要との試算もありました。「ウランの価格が目下のところ安く、ストックも豊富」（ボルヌ環境相、当時）も放棄理由に挙げられました。

「知識の伝達」の深刻な衰退

山口：核について日本に欠けていて、それでいてフランスらしい論法というか視点があります。シラク大統領が1995年の就任直後に核実験再開を発表したとき、「知識の伝達」という言葉が関係者の間で盛んに使用されました。

フランスが「核の確実性、信頼性、安全性やシミュレーション実験移行への準備」として、核実験にこだわったのは、核爆弾に関する物理的、数学的な高度な学問的知識はもとより、様々な知識や技術、つまり「核に関する重要な知識を若い世代に伝達するため」（当時のパスカル・コロンバニCEA理事長）という指摘です。いったん、こうした知識を失うと、再度、獲得するには膨大な時間と才能が必要になると。「兵器の製造」という観点とはまったく異なる視点が、いかにも原則を尊重するフランス的な視点でした。実際問題として現在、「フランスは原子炉の製造の能力がない」と、EDFなどから懸念の声が聞かれます。具体的には、①高度で綿密な設計をするエンジニア（技術者）の不足、②高度な技術を持つ優秀な溶接工の不足、③コック（水道などの蛇口）の製造者の不足などです。

イギリスは核保有国ですが、核爆弾はアメリカから買ったもので、自前では製造していません。

川口：「知識の伝達」は非常に重要な指摘です。

日本では震災以降、原子力に従事する人は減少の一途です。特に、大型設備の製造時に必要な溶接工や組立工、機械工などの高い技術を持つ技能職の従事者数が大きく減少し、２０１０年からわずか10年でマイナス45％だとか（日本電機工業会資料）。廃炉にだって技術者はいります。

それにひと口に人材といっても、原子力は発電だけのものではありません。大学や研究機関、規制に携わる行政官、医療、農業、工業などの放射線利用を行う技術者と、幅広い分野に及びます。これまでは、原子力のサプライチェーンは9割以上を国産で賄っていましたが、人材不足で、原子力利用の推進と安全管理の両方に支障を来すことが懸念されています。

そこで原子力委員会は、2018年2月、優秀な人材の勧誘、就職後の仕事を通じた人材育成に乗り出し、国家、産業界、研究開発機関、大学・高等専門学校、原子力関係団体や各地域といった様々なレベルで取り組んでいるところです。

そもそも、先人たちが育ててきた世界有数の技術をこのまま朽ちさせるのはあまりにもったいないし、先人たちに申し訳ない。国家として大きな損失です。

先人の意志、純国産の核燃料サイクルは受け継がれている

川口：最近は相次ぐ戦争や、ロシアに対する経済制裁の発動、中東情勢の緊迫などで、エネルギー安定確保への各国の関心が高まり、エネルギー安全保障の確立も急がれています。

――ただ、高速炉の開発が頓挫したわけではない。

2024年2月の「GX実現に向けた基本方針」や2025年2月の「第7次エネルギー基

本計画」によって、「今後の原子力政策の方向性」が決定され、国際情勢や国内の社会情勢に左右されないエネルギー政策を実現するため、既設の原子力発電所の再稼働と最大限の活用に加え、次世代革新炉の開発・建設の推進も謳われている。

「次世代革新炉」とは、革新軽水炉、小型軽水炉、高速炉、高温ガス炉、核融合炉を指し、2050年の実現に向けた目標が立てられた。もんじゅのナトリウム事故、欧米諸国における高速炉開発の停滞、東日本大震災下の福島第一原発事故により、紆余曲折はあったが、先人が目指した原子力三本柱による100%国産の核燃料サイクルは受け継がれている、と言える。

川口：日本の真の独立のため、ぜひとも成就してほしいものです。

終章

戦争を防ぐ「エネルギー安全保障」の遺志を継げ

「エネルギー戦略の街」、六ヶ所村

――青森県の六ヶ所村の原子力関連施設は？

川口：２０２４年5月に六ヶ所村へ取材に行きました。２０１５年10月、そして２０１８年４月にも行っています。

あそこを訪れたことのある方ならおわかりでしょうが、すごいですよね。青森はマグロやねぶた祭りだけじゃない。六ヶ所村のインパクトは強烈です。丸ごと「エネルギー戦略」といった感じ。再処理工場ばかりが一人歩きしていますが、実はもっと壮大です。

まず、日本で二番目に大きい原油の国家備蓄基地で、51基のタンクが並んでいるし、90基近い巨大な風車が回っていて、湖と見間違えるほどのメガソーラーが３つもある。そして、日本原燃の敷地はというと、東京ドーム１５０個分ですよ！

敷地の中には森や川や湖があって、ウサギもいるし、白鳥も飛んでくる。そこに、ウラン濃縮工場、低レベル放射性廃棄物埋設センター、高レベル放射性廃棄物貯蔵管理センター、使用済み核燃料受け入れ貯蔵施設、再処理工場、そしてＭＯＸ燃料工場が整然と配置されているのです。「村」という名前に騙されてしまいがちですが、自然にカムフラージュされた「日本の

日本原燃再処理工場（六ヶ所村）提供：日本原燃

エネルギー戦略の重要基地」です。

そのうえ、陸上自衛隊も、海上自衛隊も、航空自衛隊も皆、青森にいて、北の守りを一手に引き受けてくれている。要するに、六ヶ所村は軍事においても、エネルギーにおいても、安全保障の担い手です。戦時中、寡黙な東北の兵隊が一番屈強だったという話を彷彿とさせます。また、エネルギーとは関係ないけど、魚や野菜も豊富で美味しいし。とにかくすごいところです。

山口：私も2015年10月に六ヶ所村を見学しました。フランスのフランソワ・フィヨン首相（当時）が日本を公式訪問したとき、同所を視察したので、入り口で仏語の案内アナウンスが流れてびっくりしました。仏語の案内書などもありました。フランスはいわば、この分野の先輩かつライバルですから、こうした形で特別に歓迎の意を表したのだと思います。

建設中の再処理工場も見学できる範囲で見学させてもらいました。再処理工場は日本の原発の使用済み核燃料を再処理してプルトニウムやウランを取り出すのが目的です。これをＭＯＸ燃料に加工して原発で再利用するわけです。先に話題にのぼりましたが、再処理は核物質の平和利用が目的ですから、国及び国際原子力機関（ＩＡＥＡ）の査察官が24時間体制で常駐して工場内のプルトニウムが核兵器等へ転用されることがないことを確認しているとのことでした。「李《り》下《か》に冠を正さず」ではないですが、つまらない誤解を避けるためです。

在庫量等のデータも国を通じてＩＡＥＡに申告されています。この再処理工場の完成は当初予定では１９９３年でしたが、安全審査でＧＯサインが出ないので遅れています。日本の各紙報道によると、事業者である日本原燃の増田尚宏社長が２０２４年８月の記者会見で、「２０２６年度の竣工を目指す」と表明したとのこと。多少、時間がかかっても安全基準をしっかり厳守した再処理工場を造ってもらいたいと思います。

核サイクル事業は六ヶ所村頼み

――１９９２年３月に操業開始したウラン濃縮工場は、２０１２年３月より新型遠心機の生産運転を開始、２０２３年８月に新規制基準に合格し生産運転を再開した。運転規模は年75トンＳＷＵ（Separative Work Unit、ウランを濃縮する際に必要となる仕事量の単位［分離作業単位」)、最終規模は年1500トンを目指している。

同じ年の12月に操業開始となった低レベル放射性廃棄物埋設センターは、全国の原子力発電所から、すでに約36万本のドラム缶の放射線レベルの低い廃棄物を受け入れている。

一方、高レベル放射性廃棄物貯蔵管理センターが操業開始したのは1995年4月。ガラス固化体の貯蔵容量は2880本でフランス分1310本(2007年3月28日終了)とイギリス分520本(予定返還総数2200本)をすでに受け入れ、現在は新規制基準に基づく安全審査中とのこと。

1999年12月に事業開始した再処理工場の使用済み核燃料受け入れ貯蔵施設は、受け入れ容量が3000トンだが、すでに99%が埋まっており、再処理工場本体の竣工が待たれる。

さらに、最大加工能力が年130トンのMOX燃料工場も、2027年度の竣工を目指している。

なお、日本原燃では、技術力の維持・向上のためにフランス企業に人材を派遣し、訓練を受けさせている。再処理ではラ・アーグ再処理工場、MOXはメロックスMOX燃料工場へエンジニアを派遣している。

山口：ラ・アーグもメロックスもアレバが前身のオラノの工場です。オラノはウラン鉱石の採掘から核燃料サイクルまでを手掛け、日本原燃の六ヶ所村の核燃料サイクル施設に技術供与しています。

MOX燃料を世界で唯一商業運転しているメロックス施設は1995年稼働。800人の直接雇用、500人の間接雇用（メンテナンスなど）を創出。ラ・アーグ再処理工場で抽出したプルトニウムを同施設に移送しMOX燃料が生産されていて、ドイツ、スウェーデン、スイス、ベルギー、アメリカなどにこれまで6300本の出荷実績があったと報告されています（2024年12月現在）。

六ヶ所村はフランスでも有名

山口：六ヶ所村はフランスでも有名です。知名度を上げたのは、2000年代初期に日本とEUが国際熱核融合実験炉（ITER、日米EUなど7カ国が参加）の建造地をめぐって日本の六ヶ所村と仏南部のカダラッシュが激しい誘致合戦を展開したからです。

2003年12月のワシントン郊外での1回目の建造地選定会合では米韓が日本を支持、中露が仏を含むEU支持で割れました。仏内では米国が「イラク戦（2003年、米主導でイラクが大量破壊兵器を所持しているという理由でフセイン政権打倒のために多国籍軍が組まれたが、フランスは大量破壊兵器は存在せずと不参加。実際に存在しないことが戦後、判明した）での仏不参加への制裁として日本を支持」との解説が説得力を持って浸透していました。この件では、平林博・在仏日本大使（当時）が２００４年1月23日付の『ルモンド』に日本の優位性を指摘する論文を寄稿し、建設地の選定は「純粋に科学技術的諸点」から行うべきだと主張し、シラク大統領（当時）をはじめ、イラク戦争がらみで誘致合戦を論じる仏側の態度を批判しました。

大使は寄稿文で、日本の科学的蓄積と地震対策の優位性を指摘したうえで、①日本の核融合炉のほうが直接的応用能力がある、②ＩＴＥＲの運搬事情を考えると長距離の陸上輸送を強いられるカダラッシュ（仏南部）より六ヶ所村のほうが危険が少ない――などの利点を強調。「ＩＴＥＲ関係各国は厳格に科学技術的観点から冷静に建設地の制定を行うべきだ」と主張しました。

結局、２００５年6月に場所はフランスがシラク大統領を先頭に挙国一致でその優位性を主張したカダラッシュ、施設のトップは日本人（初代所長、池田要）で合意しました。仏人がいかに国益（ＩＴＥＲでは３０００人余の雇用創出が見込まれた）擁護で国を挙げて戦うかを実証した〝事件〟でした。シラクさんは大相撲の大ファンで日本の文化や歴史にも詳しい知日家、親日家として知られていますが、国益の前には個人の感情などは我慢、無視し、日本を激しく批判し、仏人の代表であることを見せつけました。

六ヶ所村も立地当初は熾烈な反対運動があった

川口：六ヶ所村が日本を代表する原子燃料サイクル基地になるには、1984年7月に立地申し入れをして以来、40年かかっています。日本原燃側の言葉を借りれば、まさに反対運動との対決の歴史。

そもそも、ようやく立地が決まったと思ったら、すぐにチェルノブイリ事故が発生（1986年4月）。大都市圏を中心に全国的な反対運動が繰り広げられ、六ヶ所村はもとより、青森県内でも賛否が二分して、激しい闘争になったといいます。

――特に県内では農業者が猛反発し、上北郡東北町から青森全県へと拡大。反対運動のピークである1989年4月には、六ヶ所村集会に県内外から約1万人が参加した。

なかでも地元漁業組合が激しい反対運動を繰り広げ、1986年6月の海域調査でエスカレート。海上保安庁、機動隊が出動して、逮捕者も数名出す事態になった。

反対運動は、選挙にも影響する。参院選、衆院選、いずれも、反対派候補が当選。しかし1991年2月に、容認派の県知事が4選したことにより、反対運動は収束に向かった。その裏には、住民の理解を求めるための、原燃スタッフによる必死の努力があった。

たとえば、1984年から始まった全戸訪問、2000年からは村内の清掃活動、2006年には名産となる長芋焼酎「六趣」の開発。勉強会や県産品販売促進活動、農業支援など。しかし2004年にウラン試験、2006年のアクティブ試験が開始すると、再処理工場がいよいよ竣工ということで、全国の反対派が再び決起。なかでも出版や映画などで名の知れた人々による反対論が盛り上がりを見せ、市民団体による執拗なデモ、県民説明会の妨害など、不穏な事態が続いた。

ただ、このとき、地元では反対運動はすでにほとんどなく、むしろ隣の岩手県の漁業者を中心に、激しい反対運動が起こった。三陸沿岸の各漁協が猛反発するとともに、新日鉄釜石のある釜石市を除く、岩手県内のほとんどの市町村で反対決議が行われた。

「六趣スペシャル」 六ヶ所村産の長芋を原料にした、本格長芋焼酎。青森県は日本一の長芋生産地である

そこで日本原燃は、東北電力とも連携し、三陸沿岸の各家庭に折り込みチラシを配布したり、海洋生物環境研究所による岩手沖の測定点を追加したりして、ようやく反対運動は収束。

ところが、震災翌年の2012年9月に、当時の政権党であった民主党が、再処理事業からの撤退を決めた。

川口：その話は聞きました。核燃料サイクル危うし。でも、その後の展開がまさにドラマでした。民主党の決定に対して、六ヶ所村では即座に村議会を開いて、再処理路線の堅持を求める意見書を採択。そして、むつ市長も、使用済み核燃料の搬入拒否を表明。つまり、政府に、「じゃあ、我々が受け入れてきた全国の核廃棄物を、即刻、引き取ってください」と言ったわけです。

さらにそこに、イギリスとフランスの駐日大使が自ら出向いて、藤村修官房長官に懸念を表明する。これに慌てた政府は、再処理路線の続行を認めます。

当時、原燃の社長として矢面《やおもて》に立っていた川井吉彦氏は、そのときのことを思い返し、次のように語っています。「村議会の猛反発が、その後の再処理事業の存続に大きなインパクトを与えました。村議会議員にも村民の皆さんにも、何としても地域を豊かにしたいという熱い想いや、国策に協力してきたという強い自負の念があったのだと思います。このとき、絶対に地域の皆さんの信頼を裏切るようなことがあってはならないと、思いを強くいたしました」。これまでの長く地道な理解活動が実った結果でしたから、感無量だったと思います。

それにしても、民主党（当時）というのは、国益も経済性も安全保障も、それどころか論理も無視して、好き嫌いだけで政治をし、しかも、いいことをしたと思い込んでしまうところが、まさに今のドイツの緑の党と同じです。

ただ、それから13年たった今でも、肝心の与党のなかにも、脱原発の声の大きな政治家がいます。彼らは皆、再エネ発電の拡大には熱心です。しかし、残念ながら日本では、太陽光や風力、とりわけ洋上風力は、造れば造るほど電気代が高くなる（キャノングローバル戦略研究所の杉山大志氏）。これは、ドイツがすでに証明してくれています。得をするのは事業者と、彼らと結託している政治家や官僚ばかりでしょう。一方、国民は高い電気代で彼らの儲けを捻出するという仕組みになっています。

そもそも、太陽光パネルも風車も、前述したようにすでに中国依存が高く、これ以上、増やしたら安全保障上の問題が生じてきます。こういう人たちが政治をしているというのが、本当に疑問です。ドイツもそうですが、再エネの闇はかなり大きいと思います。

下北半島全体が日本のエネルギー政策に貢献

川口：2024年の六ヶ所村訪問のときは、偶然、会津藩の子孫の方の話を聞くことができて、大変心を打たれました。実は、下北半島の斗南《となみ》藩とは、戊辰《ぼしん》戦争に敗れ、領地を没収された会津藩の人たちが、懲罰的に藩替えをさせられてできた領地です。ここで再興を許されたということになっていますが、長州藩は会津の人々を苦しめるために、稲作のできない過酷な土地に

「流した」わけです。寒さと飢えで、多くの人が命を落としました。ちなみに、青森の代名詞であるりんごなどが採れる豊かな土地はお隣の津軽藩の領地で、文化も違います。結局、斗南藩は、廃藩置県もあって2年足らずで消滅しました。

戊辰戦争で損傷した会津若松城（1868 年）

しかし、彼らはその後も、会津の再興を期してか、教育にものすごく力を注いだといいます。だから、その会津精神や、「ならぬことはならぬものです」という藩校「日進館」の教えが、今も下北地方には漲《みなぎ》っているような気がします。

ただ、この土地の貧しさは、つい最近までそれほど変わらなかった。夏でも太平洋から吹きつける冷たいヤマセの影響で稲作ができなかったのですから、当然です。冬には大半の家庭で、お父さんが出稼ぎに行きました。ところが、原子力産業が根付くようになり、雇用が生まれ、今では誰も村の外に出ていかなくてもよくなったのです。つまり、六ヶ所村というのは、こうして40年かけて、原燃と地域の人たちが一体となって、皆で豊かになろうとして創り上げてきたものだったのだと、私は理解しています。こういう話は、東京、大阪など都会に住む電気の大口消費者の私たちが、知るべきことだと思っています。

――下北半島の原子力施設は日本原燃の原子燃料サイクル施設だけではない。東通《ひがしどおり》村には、東北電力の東通原子力発電所に加えて、建設予定の東京電力の東通原子力発電所、むつ市にはリサイクル燃料貯蔵のリサイクル燃料備蓄センター、大間町には電源開発建設中の大間原子力発電所がある。

大間原子力発電所は、全炉心にウラン・プルトニウム混合酸化物（MOX）の装荷を目指した「フルMOX－ABWR（改良型沸騰水型軽水炉）」。リサイクル燃料備蓄センター（RFS）は、東京電力及び日本原子力発電から発生する使用済み核燃料を再処理するまでの間、保管する中間貯蔵施設で、最終的な貯蔵量は5000トン。2024年10月に正式に操業開始を発表した。

下北半島は日本のエネルギー政策の肝ともいえる部分を受け持っており、極めて重要な日本のエネルギー政策の拠点となりつつある。

エネルギーをめぐって絶対に戦争を起こしてはならない

川口：下北半島での原子力関連施設の建設が遅れているのは、いうまでもなく反対する世論の声に配慮してのことです。しかも、世論は多かれ少なかれ、反対派の活動家の意見で動かされています。

反対派の活動家は「原発がコミュニティーを崩壊させる」とか、「原発のばら撒く金が、人びとの心をむしばんでいる」というようなことをまことしやかに言います。でも、これは彼らのイデオロギーであり、地元の人々の感情とはかけ離れているのではないかと思います。

また、メディアはいつも「脱原発」、「核兵器廃絶」、「戦争反対」などという声を代弁しますが、これも無責任です。一旦、抗争が勃発すれば、核を持っていない国がいくら偉そうに「戦争反対」とか「核兵器廃絶」と叫んでも、白旗を掲げるしかないことは一目瞭然です。反対に、北朝鮮やイランのように経済が破綻している国でも、核があれば、そう簡単に攻撃されることはない。

六ヶ所村の平和的、商業的施設が、図らずも、少しでも抑止力になってくれるなら、これはありがたいことかもしれません。

敗戦からわずか11年後に、「ウラン濃縮」、「再処理」、「高速増殖炉」の三本柱、「純国産の核燃料サイクル」を日本に築き上げようとした先人の想いは何か。

「絶対にエネルギーをめぐって戦争を引き起こすようなことがあってはならない」、そして「国民が自国の将来を独自に決定できる状況を何としてもつくらねばならない」。こういう想いだったに違いありません。これこそが「エネルギーの安全保障」の目的です。

山口：原発への他国からのテロや攻撃には十全に備えるべきです。

原発は国連が「クリーンなエネルギー」に規定している貴重なエネルギー源です。日本のように資源のない国にとっては特に無視できないエネルギー源です。だからこそ、二度と「人災」などの批判、攻撃を受けないように、「事故ゼロ」を目標に掲げ、安全管理には万全を期して、日本が原発分野で世界の手本になるように頑張ってもらいたいと思います。日本人の生来の英知と根性があれば十分に実現可能だと思います。

核燃料サイクル

【製錬】

鉱山からウラン鉱石を採掘して、化学処理を行い、八酸化三ウラン（U_3O_8）を取り出します。このときの状態をイエローケーキといいます。さらに不純物が取り除かれます。日本では、この工程を海外に委託しています。


【転換】

濃縮のために、イエローケーキを六フッ化ウラン（UF_6：56.5℃で個体から気体へ昇華）にします。日本は、この工程を海外に委託しています。


【濃縮】

ウラン235の濃度を天然の状態の約0.7%から、軽水炉での使用に適した3〜5%に高めます。気体状態の六フッ化ウラン（UF_6）を高速回転中の遠心分離機に入れると、遠心力により重いウラン238が外側に、軽いウラン235が内側に分離されます。日本では、青森県六ヶ所村にある日本原燃（株）が濃縮事業を行っていますが、国内需要の大半は、海外に委託しています。

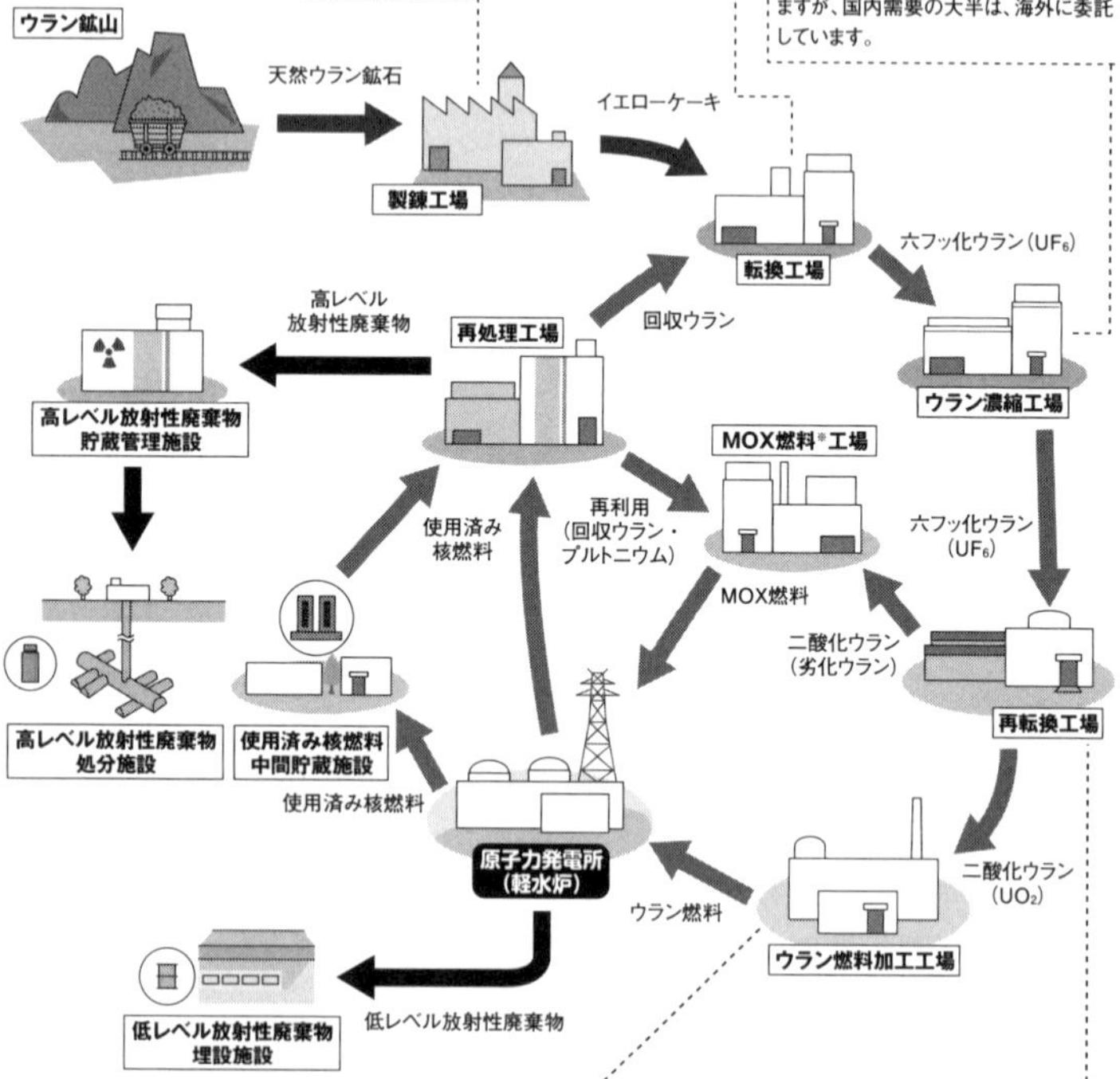

【成型加工】
二酸化ウラン（UO_2）の粉末を焼き固めてペレットとし、燃料集合体に加工します。日本では、この工程の大半を国内ウラン燃料成型加工会社が行っています。

【再転換】

燃料として成型加工するために、六フッ化ウラン（UF_6）を酸化物（UO_2：二酸化ウラン）にします。日本では、茨城県東海村にある三菱原子燃料（株）が再転換事業を行っていますが、海外にも委託しています。

※　MOX（Mixed Oxide）燃料：プルトニウムとウランの混合燃料

出典：原子力・エネルギー図面集

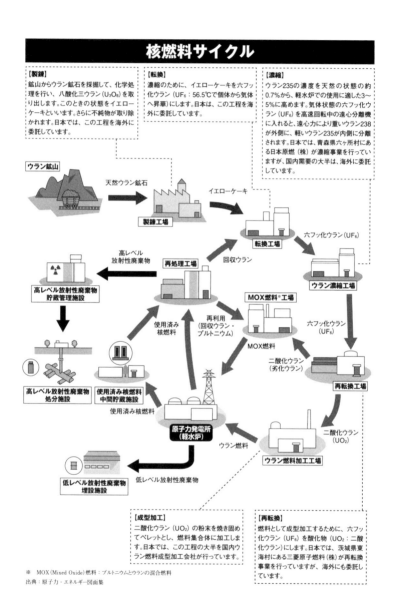

おわりに

かつて、まだ外国暮しの日本人が少数派だった1960年代に「出羽守《でわのかみ》」という実に言い得て妙なフレーズが流行《はや》った。外国暮らしの経験がある彼らが「アメリカでは」「フランスやドイツでは」と「では」を連発して経験談を披歴したからだ。このフレーズには彼らへの多少の憧憬と同時に嫉妬や揶揄《やゆ》に加えて、「守」、即ち権力に対する反発や拒否感が感じられた。

日本が高度成長を満喫していた1970年代初頭にフランス留学を終えて帰国したころは、「日本が外国に学ぶものなし」が支配的な風潮だったので、このフレーズの持つ否定的なニュアンスが極めて強くなっていた。「なぜ、今ごろ、(後進国の)フランスなんかに留学するのだ」としばしば言われたこともあり、それで周囲との摩擦や〝イジメ〟に遭わないように「では」を禁句にした。

ただ、私を含めて当時の外国暮し仲間の多数は「憂国の士」だった。「日本はこれから先、どこに行くのか」と漠然とした不安を抱いていた。

1980年代、バブルのころには「出羽守」は死語になっていた。もう外国暮しは珍しくもなく、海外旅行経験者も多く、「外国での見聞」は耳目を集めず、海外での買い物の「高い」や「安い」が会話の中心を占めた。

1990年にフランスに赴任したころは、まだバブルの余韻が残っていた。「メイド・イン・ジャパン」も健在だった。大型電気店には日本の家電製品がすべてそろい、幅を利《き》かせていた。2000年代に入ると、その数が徐々に減っていった。代わって韓国製が幅を利かせ、台湾製も登場した。日本製品が消えていくと同時に「憂国の士」の度合いも深まった。

それが頂点に達したのが2011年3月11日の「東日本大震災」であり、「福島の原発事故」だった。

フランスのテレビが流す大地震と津波に襲われた愛する祖国・日本列島がなんと頼りなく、儚《はかな》く見えたことか。燃え盛る原発の映像は今も瞼に焼き付いている。パリ在住の日本人たちは、会うと、「日本はどうなっているのか」と祖国への思いを口々に語り合った。

翌2012年の正月に一時帰国したとき、友人と銀座で待ち合わせをしていたら、大手デパートの前は「福袋」目当ての客が長蛇の列をつくり、店内は文字どおり、立錐《りっすい》の余地もないほどの大混雑。派手な振袖姿の若い女性が闊歩《かっぽ》していた。

「日本は無事だった」と安堵する一方で正直言って、多少の違和感も感じた。フランス暮しの経験者などと、「日本はどこに行くのか」などと話しあったりしたが、「出羽守」の誹《そし》りを避けるため、「フランスでは」は禁句にした。

そう、海外に暮らす日本人は多かれ少なかれ、全員が「憂国の士」であり、21世紀に入ってからは、その度合いを深めているように見える。２０２０年代には日本の家電製品はすべてパリの店から消えた。

本書では「出羽守」になりすぎたかもしれないが「憂国の士」の発言としてお許しを願いたい。エネルギー問題は生活に密接する重要課題であると同時に「日本」という国のかたちにも直結する重大問題だからだ。

二〇二五年二月初旬、パリで

山口昌子

山口昌子（やまぐち・しょうこ）

ジャーナリスト。慶應義塾大学文学部仏文科卒。1969～1970年に仏政府給費留学生としてパリ国立ジャーナリスト養成所（CFJ）に留学。

1974年同校の「ジャーナリストのための欧州講座」に出席。産経新聞入社後は教養部、夕刊フジ、外信部次長を経て1990～2011年まで産経新聞パリ支局長。1994年度ボーン・上田記念国際記者賞受賞。2013年仏レジオン・ドヌール勲章のシュヴァリエ章、2023年同章のオフィシエ章に昇格。『大国フランスの不思議』（角川書店）、『フランスよ、どこへ行く』（産経新聞出版）、『ココ・シャネルの真実』（講談社＋α文庫）、『ドゴールのいるフランス』（河出書房新社）、『パリの福澤諭吉』（中央公論新社）（仏訳あり）、『原発大国フランスからの警告』、『フランス流テロとの戦い方』（いずれもワニブックスPLUS新書）、『パリ日記（全５巻）』（藤原書店）など著書多数。

川口マーン惠美（かわぐち・マーン・えみ）

日本大学芸術学部音楽学科卒業。1985年、ドイツのシュトゥットガルト国立音楽大学大学院ピアノ科卒業。1990年、『フセイン独裁下のイラクで暮らして』（草思社）を上梓、その鋭い批判精神が高く評価される。2013年『住んでみたドイツ8勝2敗で日本の勝ち』、2014年『住んでみたヨーロッパ9勝1敗で日本の勝ち』（ともに講談社＋α新書）がベストセラーに。『ドイツの脱原発がよくわかる本』（草思社）が、2016年、第36回エネルギーフォーラム賞の普及啓発賞、2018年、『復興の日本人論』（グッドブックス）が同賞特別賞を受賞。その他、『そしてドイツは理想を見失った』（角川新書）、『世界「新」経済戦争 なぜ自動車の覇権争いを知れば未来がわかるのか』（KADOKAWA）、『メルケル仮面の裏側』（PHP新書）、『左傾化するSDGs先進国ドイツで今、何が起こっているか』（ビジネス社）、『ドイツの失敗に学べ！』（ワック）、『優しい日本人が気づかない残酷な世界の本音』（ワニブックス、福井義高との共著）『移民難民 ドイツからの警鐘』（グッドブックス）など著書多数。

原子力《げんしりょく》はいる？　いらない？
原発大国《げんぱつたいこく》フランスと脱原発《だつげんぱつ》ドイツ

2025年4月10日　初版発行

著　者　山口昌子
　　　　川口マーン惠美

構　成　佐藤春生事務所
校　正　大熊真一(ロスタイム)
編　集　川本悟史(ワニブックス)

発行者　髙橋明男
発行所　株式会社 ワニブックス
　　　　〒150-8482
　　　　東京都渋谷区恵比寿4-4-9 えびす大黒ビル

　　　　お問い合わせはメールで受け付けております。
　　　　HPより「お問い合わせ」へお進みください。
　　　　https://www.wani.co.jp
　　　　※内容によりましてはお答えできない場合がございます。

印刷所　株式会社 光邦
ＤＴＰ　アクアスピリット
製本所　ナショナル製本

定価はカバーに表示してあります。

ISBN 978-4-8470-7483-7